漢字の復習 1. 漢字の広場 5年生で習った漢字

1 漢字の読みがなを書きましょう。 16点（一つ2）

① 防災（　）について学ぶ。
② 新婦（　）を祝う。
③ 客船が寄港（　）する。
④ 先生の許可（　）をもらう。
⑤ さそいを断（　）る。
⑥ 険（　）しい道を進む。
⑦ 正義（　）をつらぬく。
⑧ 友人との再会（　）を喜ぶ。

2 あて… 書きましょう。 32点（一つ4）

① 犬を［ほご］する。
② 水質を［ちょうさ］する。
③ ［じょうけん］を聞く。
④ 出口が［こんざつ］する。
⑤ 分量を［へ］らす。
⑥ ［かいてき］に過ごす。
⑦ 判断に［まよ］う。
⑧ 親に［かんしゃ］する。

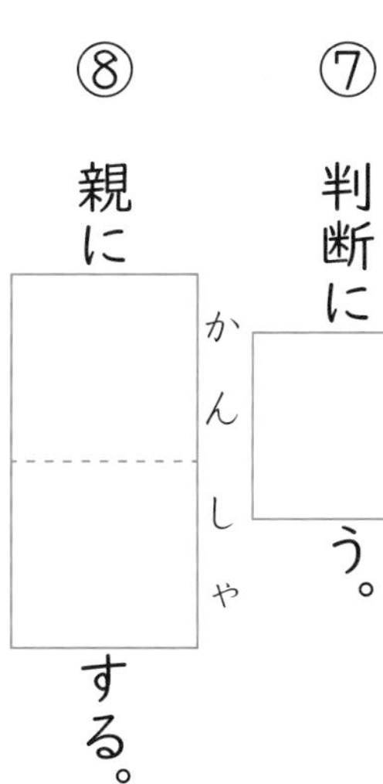

← うらのページに続くよ！

教科書 52・110・135ページ

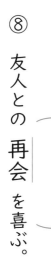

3 漢字の読みがなを書きましょう。

20点（一つ2）

① 全員に資料を配る。（　　）
② 中国と貿易をする。（　　）
③ 逆転して勝つ。（　　）
④ きのこを採る。（　　）
⑤ 犯罪を防止する。（　　）
⑥ 衛生に気をつける。（　　）
⑦ 早起きの習慣をつける。（　　）
⑧ テニス部に所属する。（　　）
⑨ 意見を統一（いっ）する。（　　）
⑩ 大志をいだく。（　　）

4 あてはまる漢字を書きましょう。

32点（一つ4）

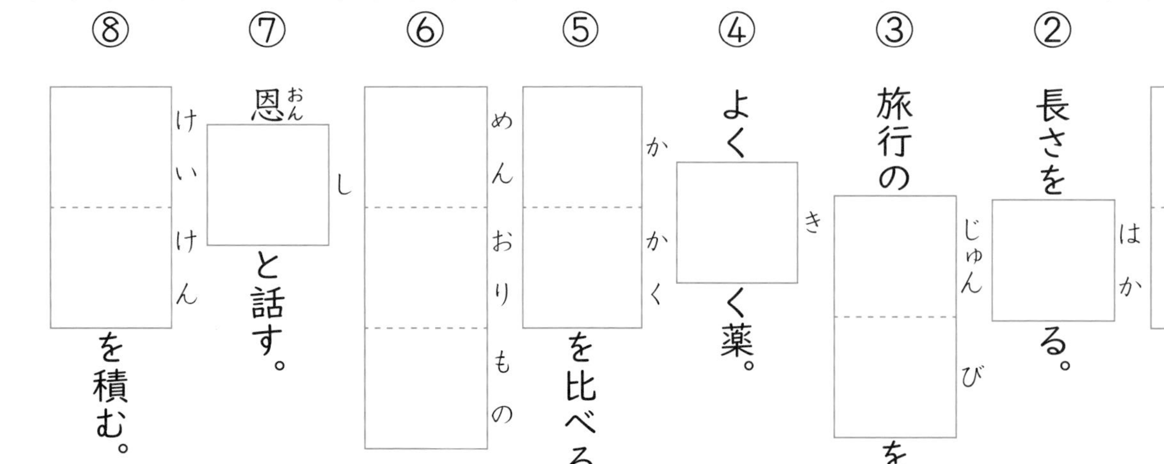

① □□（りえき）が下がる。
② 長さを□（はか）る。
③ 旅行の□□（じゅんび）をする。
④ よく□（き）く薬。
⑤ □□（かかく）を比べる。
⑥ □□□（めんおりもの）
⑦ 恩（おん）□（し）と話す。
⑧ □□（けいけん）を積む。

きほんのドリル 2. 帰り道 (1)

時間 15分
合格80点
/100
答え 99ページ
月　日

書いて覚えよう！

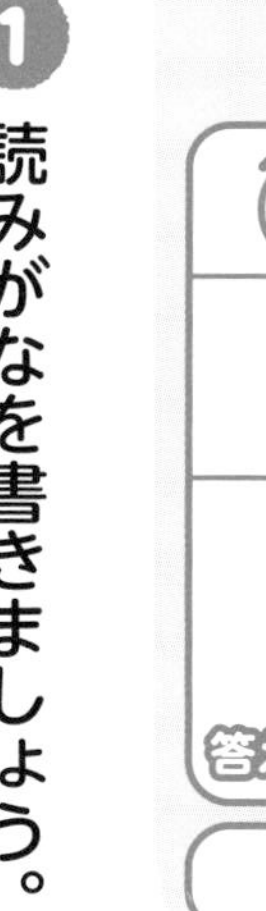

視（教 25ページ）
シ　上にはねる
11画　視視視視視視視視視視視
視点（してん）　視察（しさつ）　視野（しや）　視線（しせん）
視（みる）

砂（教 27ページ）
サ　すな　はねる
9画　砂砂砂砂砂砂砂砂砂
砂金（さきん）　砂鉄（さてつ）　砂ぼこり（すなぼこり）　砂場（すなば）
砂（いしへん）

腹（教 27ページ）
フク　はら　はねる
13画　腹腹腹腹腹腹腹腹腹腹腹腹腹
空腹（くうふく）　中腹（ちゅうふく）　腹が立つ（はらがたつ）
腹（にくづき）

段（教 28ページ）
ダン　上にはねる
9画　段段段段段段段段段
段落（だんらく）　階段（かいだん）　段差（だんさ）　手段（しゅだん）
段（るまた・ほこづくり）

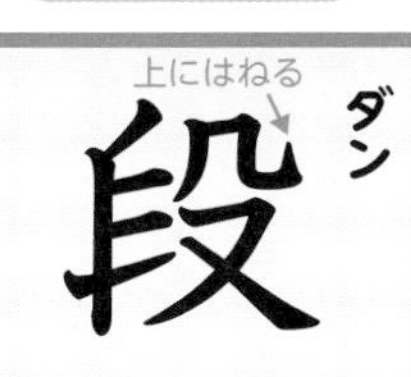

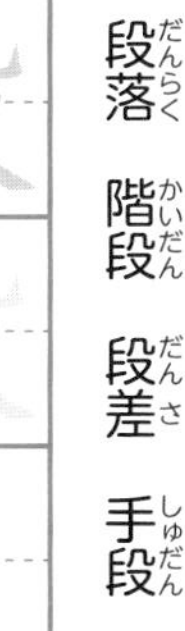

並（教 29ページ）
なみ　ならべる　ならぶ　ならびに　長く
8画　並並並並並並並並
並木道（なみきみち）　並べ方（ならべかた）　一列に並ぶ（いちれつにならぶ）
並（いち）

1 読みがなを書きましょう。
28点（一つ4）

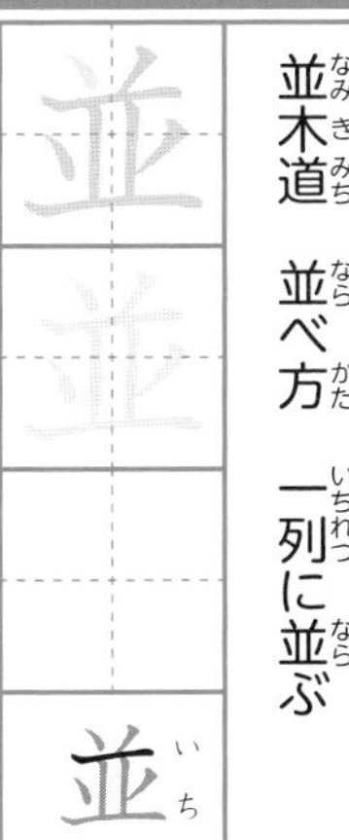

① 視点を変える。（　　）
② 砂ぼこりがまう。（　　）
③ 砂金を集める。（　　）
④ 腹がすく。（　　）
⑤ 空腹にたえる。（　　）
⑥ 階段を上る。（　　）
⑦ カードを並べる。（　　）

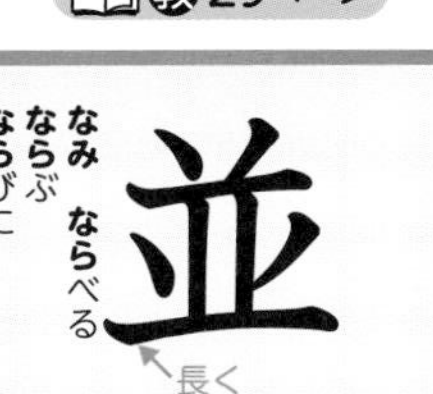

教科書 25～40ページ

うらのページに続くよ！

❷ あてはまる漢字を書きましょう。

72点（一つ9）

① □□（しや）を広げるために、読書を始める。

② 近所の子どもたちと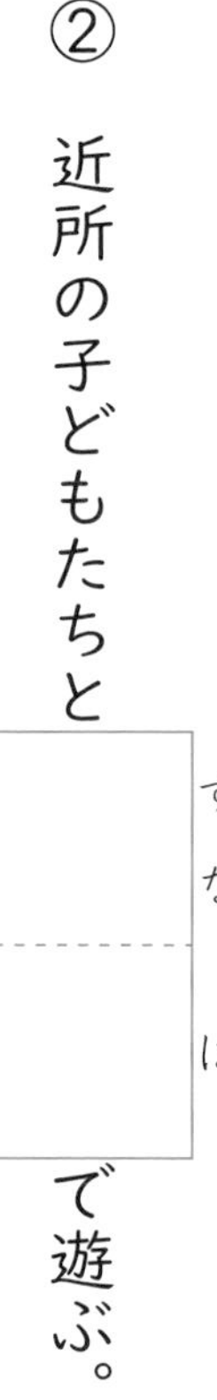□□（すなば）で遊ぶ。

③ 磁石（じしゃく）を使って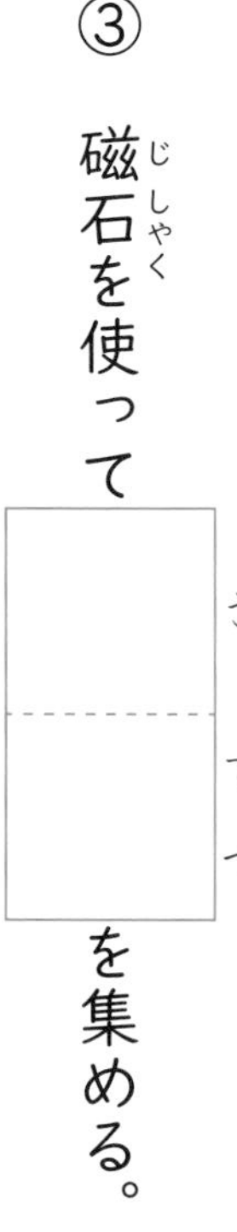□□（さてつ）を集める。

④ 友達と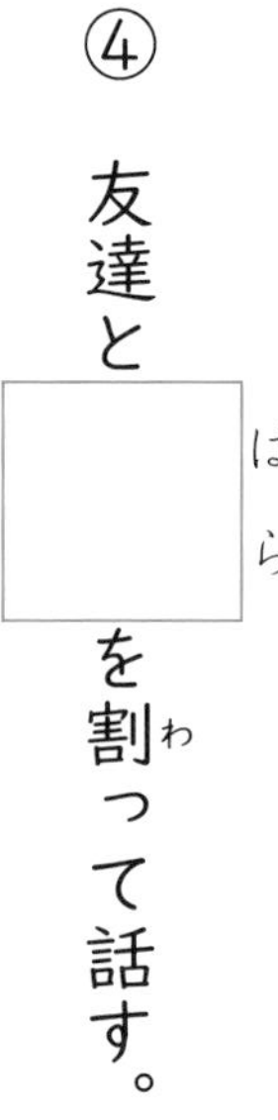□（はら）を割（わ）って話す。

⑤ 山の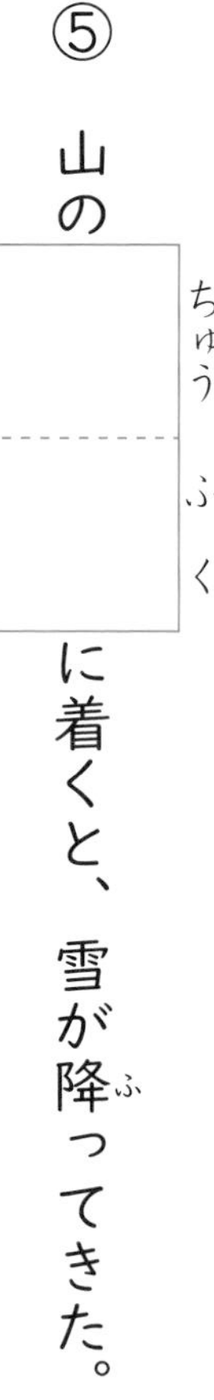□□（ちゅうふく）に着くと、雪が降（ふ）ってきた。

⑥ 兄は、神社の長い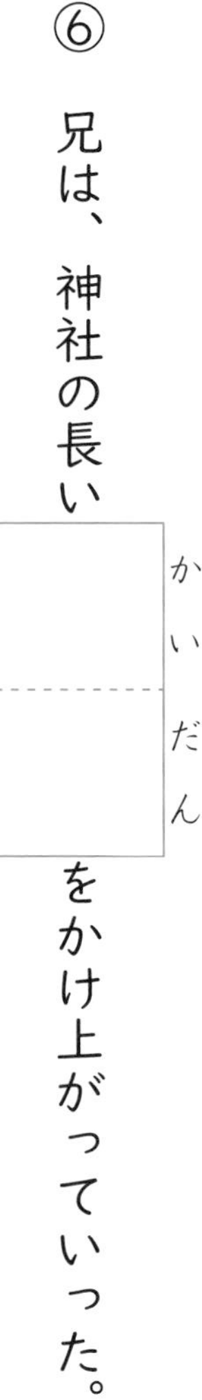□□（かいだん）をかけ上がっていった。

⑦ トランプを数字の順に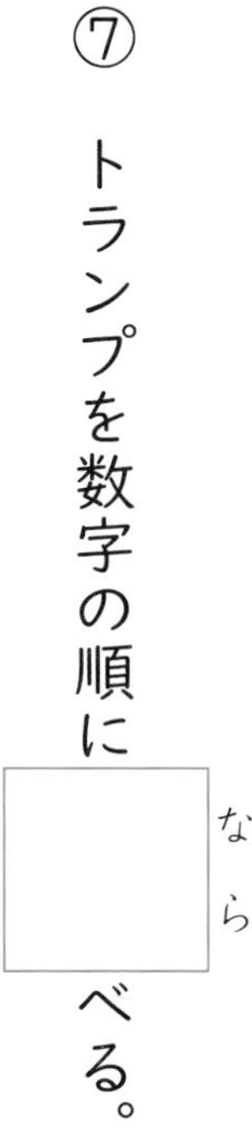□（なら）べる。

⑧ いちょうの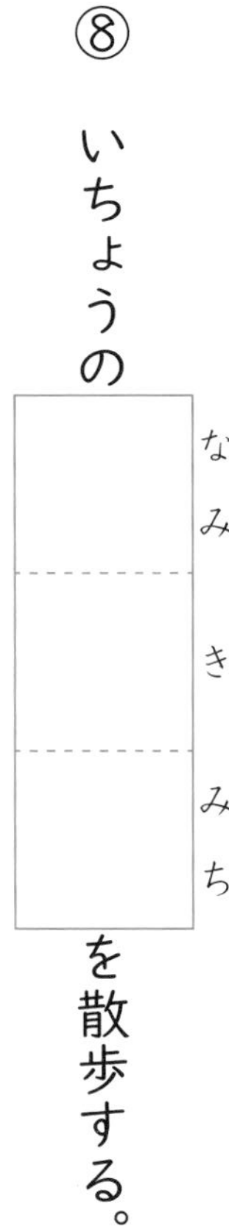□□□（なみきみち）を散歩する。

ヒント ❷ ①「し」の左側の「ネ」を「ネ」と書かないように注意しましょう。

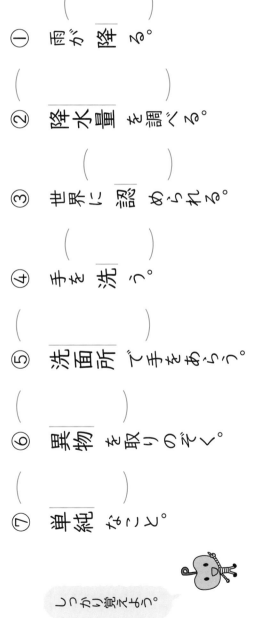

きほんのドリル 3

帰り道（2）

書いて覚えよう！

1 読みがなを書きましょう。 28点（一つ4）

① 雨が降る。（　）

② 降水量を調べる。（　）

③ 世界に認められる。（　）

④ 手を洗う。（　）

⑤ 洗面所で手をあらう。（　）

⑥ 異物を取りのぞく。（　）

⑦ 単純なこと。（　）

うらのページに続くよ！

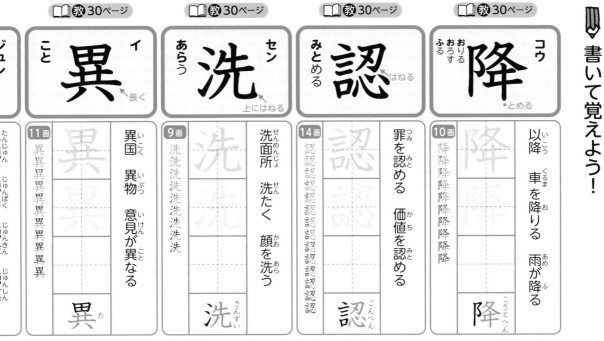

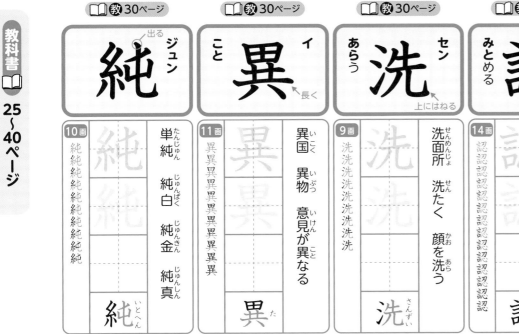

2 あてはまる漢字を書きましょう。

72点（一つ9）

① 荷物の配達を、午後五時［いこう］に変えてもらう。

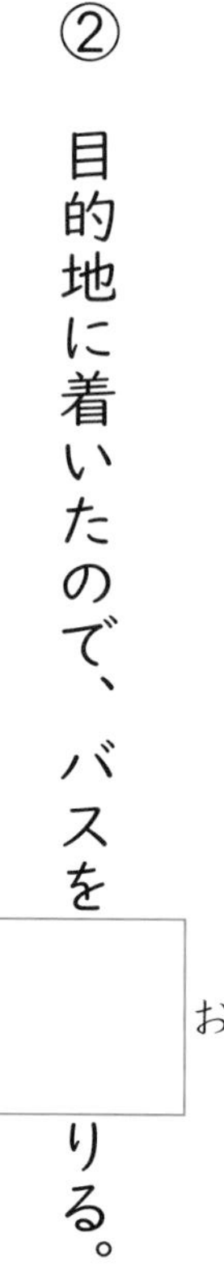

② 目的地に着いたので、バスを［お］りる。

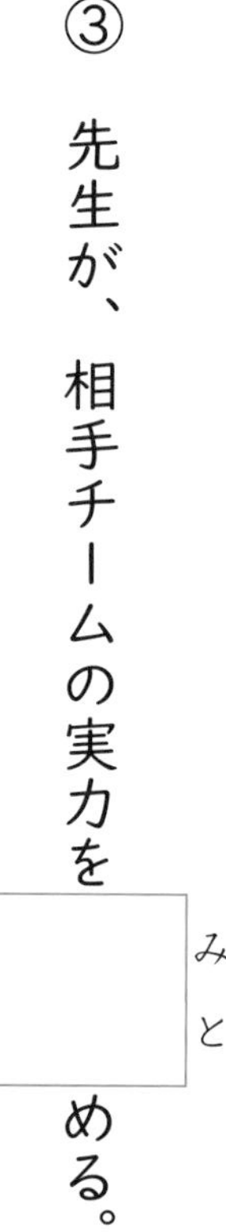

③ 先生が、相手チームの実力を［みと］める。

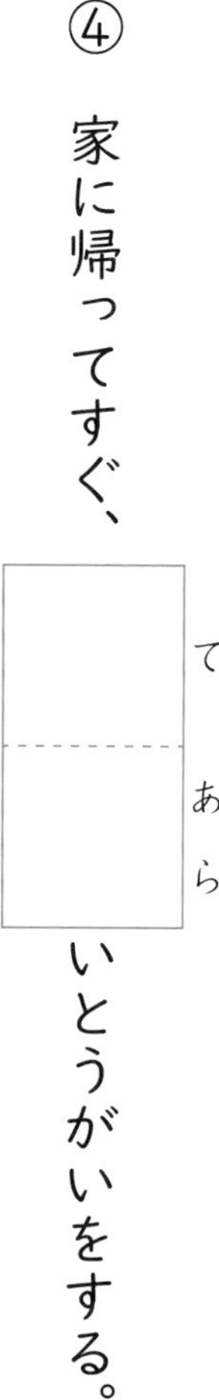

④ 家に帰ってすぐ、［てあら］いとうがいをする。

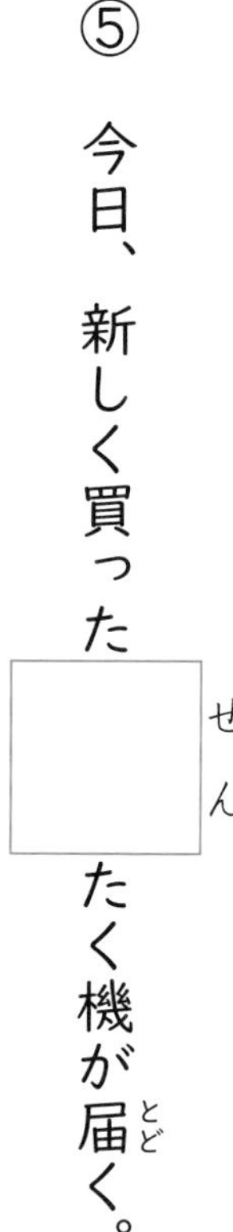

⑤ 今日、新しく買った［せん］たく機が届（とど）く。

⑥ ［いこく］の文化について学びたい。

⑦ 自分と［こと］なった考え方もみとめる。

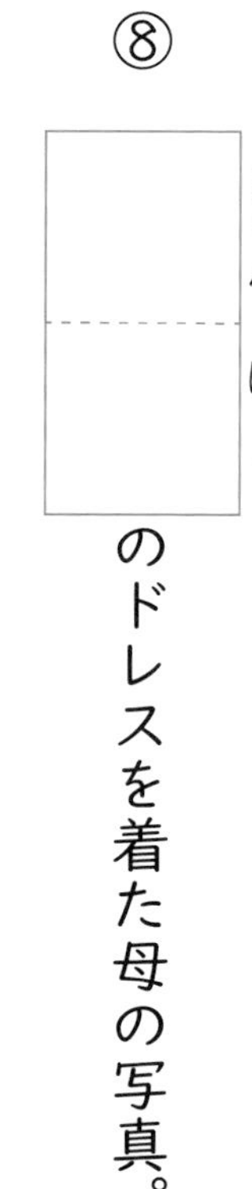

⑧ ［じゅんぱく］のドレスを着た母の写真。

ヒント 2 ①「ふる」、②「おりる」の十画目は、上につき出して書きましょう。

きほんのドリル 4。

帰り道 (3)

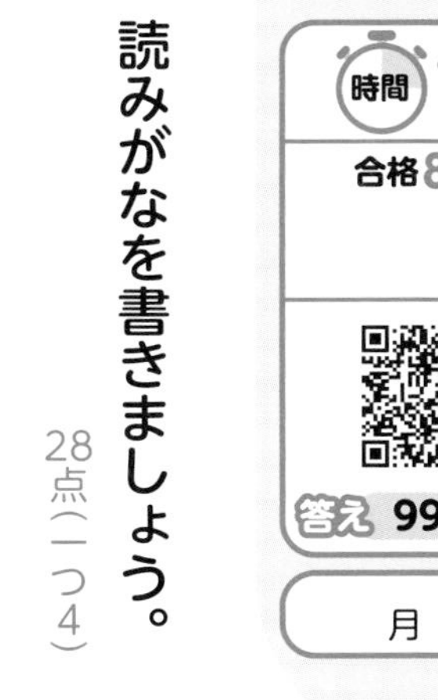

時間 15分

合格80点

/100

答え 99ページ

月　日

書いて覚えよう！

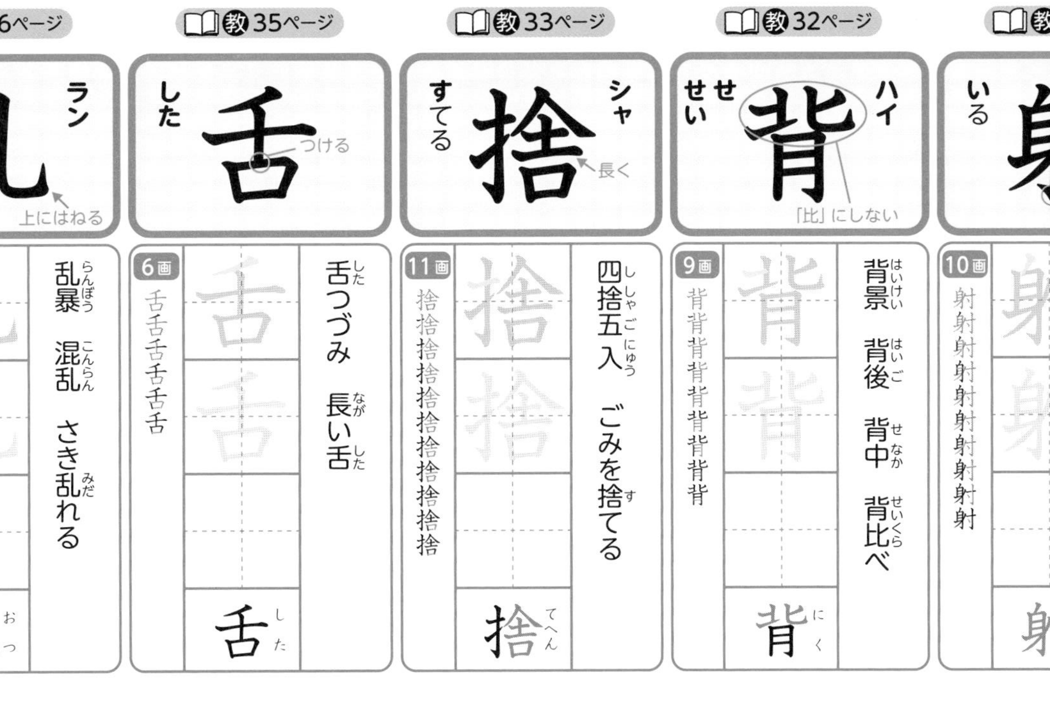
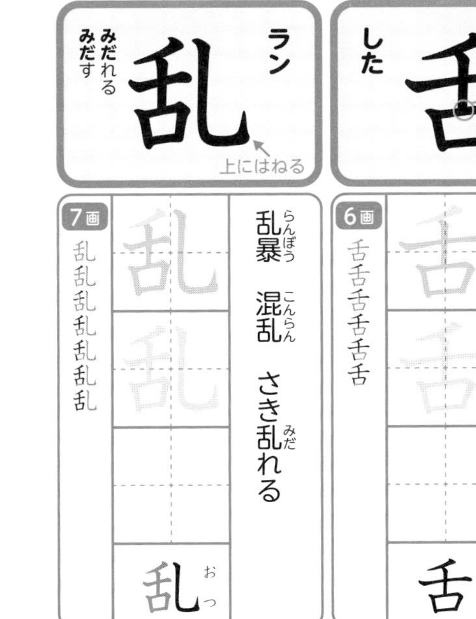

教32ページ	射（はねる）	シャ／いる	10画	射射射射射射射射射射	発射（はっしゃ）　反射（はんしゃ）　矢（や）を射（い）る	射（すん）
教32ページ	背（「比」にしない）	ハイ／せ・せい	9画	背背背背背背背背背	背景（はいけい）　背後（はいご）　背中（せなか）　背比（せいくら）べ	背（にく）
教33ページ	捨（長く）	シャ／すてる	11画	捨捨捨捨捨捨捨捨捨捨捨	四捨五入（ししゃごにゅう）　ごみを捨（す）てる	捨（てへん）
教35ページ	舌（つける）	した	6画	舌舌舌舌舌舌	舌（した）つづみ　長（なが）い舌（した）	舌（した）
教36ページ	乱（上にはねる）	ラン／みだれる・みだす	7画	乱乱乱乱乱乱乱	乱暴（らんぼう）　混乱（こんらん）　さき乱（みだ）れる	乱（おつ）

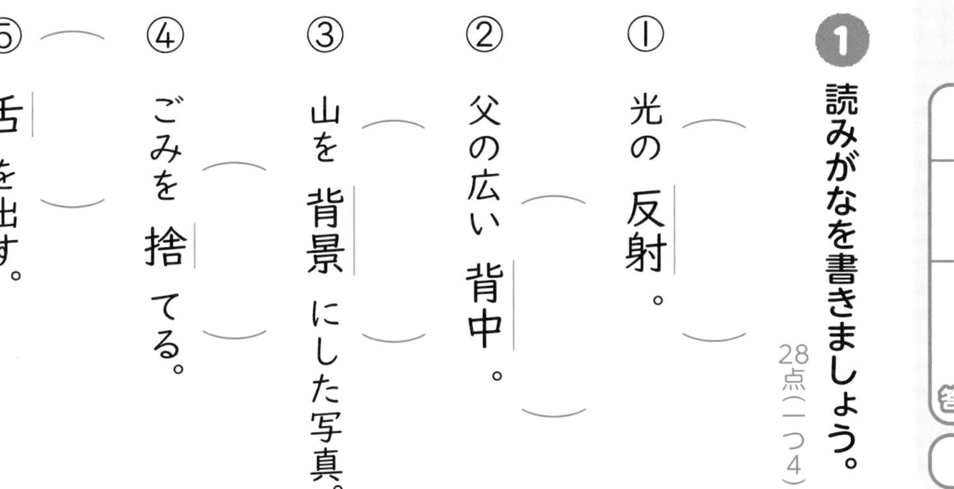

1 読みがなを書きましょう。 28点（一つ4）

① 光の 反射（　　）。

② 父の広い 背中（　　）。

③ 山を 背景（　　） にした写真。

④ ごみを 捨（　　） てる。

⑤ 舌（　　） を出す。

⑥ 乱打（　　） 戦が続く。

⑦ 列が 乱（　　） れる。

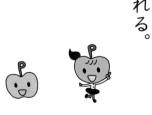

うらのページに続くよ！

2 あてはまる漢字を書きましょう。

72点(一つ9)

① ロケットの［はっしゃ］時刻（こく）がせまる。

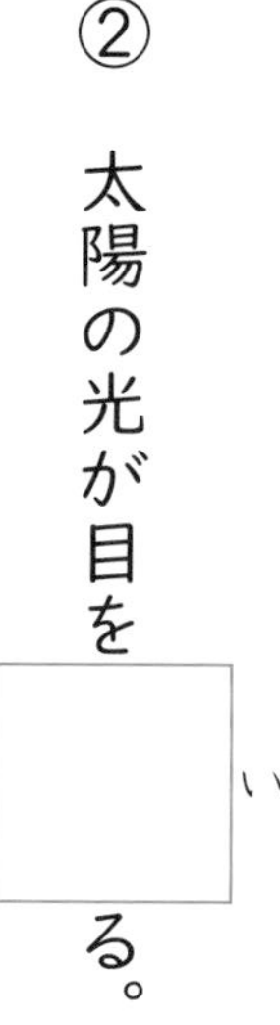

② 太陽の光が目を［い］る。

③ ［せ］筋（すじ）をのばして、まっすぐに立つ。

④ 妹と［せいくら］べをする。

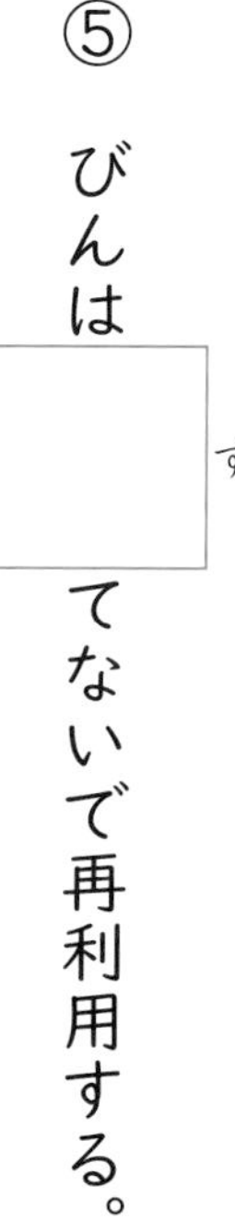

⑤ びんは［す］てないで再利用する。

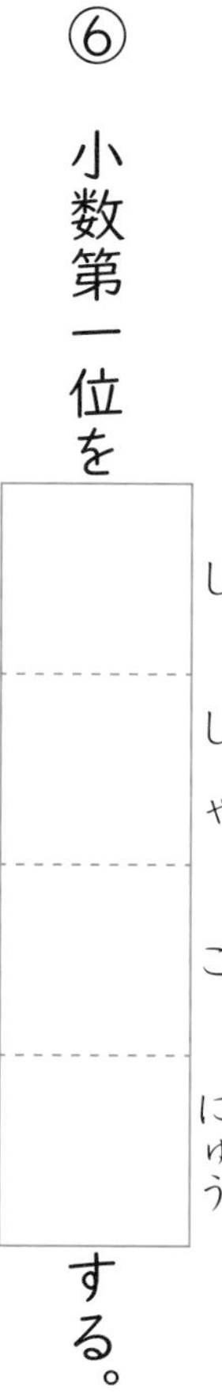

⑥ 小数第一位を［ししゃごにゅう］する。

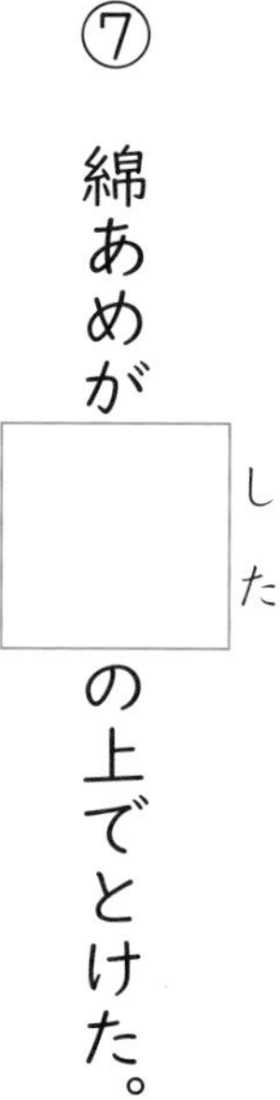

⑦ 綿あめが［した］の上でとけた。

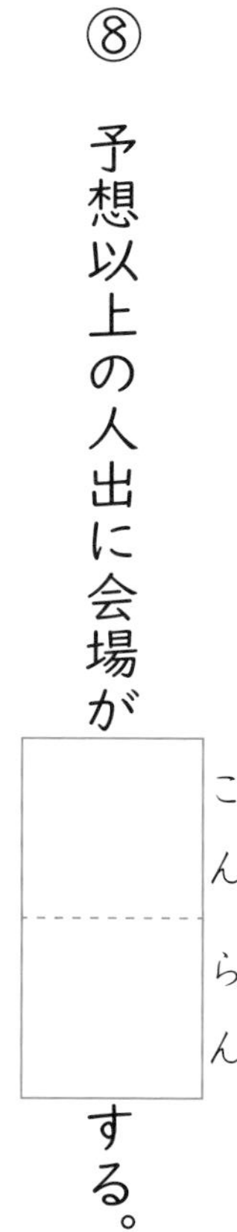

⑧ 予想以上の人出に会場が［こんらん］する。

ヒント 2 ③「せ」、④「せい」の「北」を「比」と書かないように注意しましょう。

公共図書館を活用しよう（1）

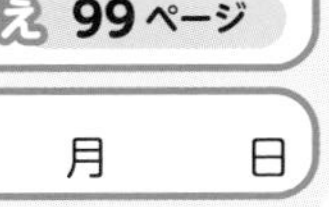

書いて覚えよう！

教 41ページ
域 イキ（わすれずに）
11画 域域域域域域域域域域域
地域（ちいき）　流域（りゅういき）　区域（くいき）　海域（かいいき）
域（つちへん）

教 42ページ
誌 シ（短く）
14画 誌誌誌誌誌誌誌誌誌誌誌誌誌誌
雑誌（ざっし）　週刊誌（しゅうかんし）　日誌（にっし）　誌面（しめん）
誌（ごんべん）

教 42ページ
映 エイ　うつる　うつす（出る）
9画 映映映映映映映映映
映像（えいぞう）　映画（えいが）　鏡（かがみ）に映（うつ）す
映（ひへん）

教 42ページ
拡 カク（はねる）
8画 拡拡拡拡拡拡拡拡
拡大（かくだい）　拡張（かくちょう）　拡散（かくさん）　拡声器（かくせいき）
拡（てへん）

「域」の八画目を忘（わす）れないようにしましょう。

1 読みがなを書きましょう。

28点（一つ4）

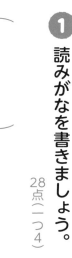

① 地域（　）の野球クラブ。

② 雑誌（　）を読む。

③ 誌面（　）をくふうする。

④ テレビの映像（　）。

⑤ 映画（　）を見る。

⑥ 画面に映（　）す。

⑦ 生産を拡大（　）する。

← うらのページに続くよ！

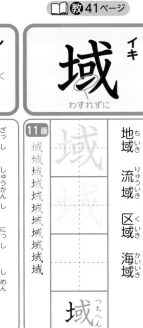

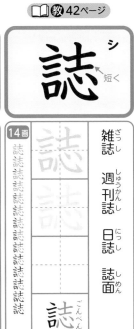

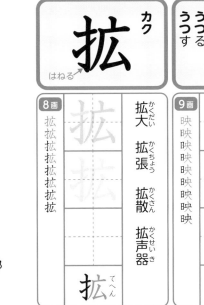

2 あてはまる漢字を書きましょう。

72点（一つ9）

① 世界のいくつかの大河の［　　］（りゅういき）で文明が栄えた。

② この［　　］（くいき）は立ち入り禁止になった。

③ 父が買っている［　　　］（しゅうかんし）を読む。

④ 担（たん）任の先生が学級［　　］（にっし）をわたす。

⑤ 今度の休みに、家族で［　　］（えいが）を見に行く。

⑥ 鏡に［　］（うつ）った自分の姿（すがた）を見る。

⑦ 有害物質が［　　］（かくさん）するのを防ぐ。

⑧ 昨年から続いていた道路の［　　］（かくちょう）工事が終わる。

⑥の「うつる」は、すがたなどが他の物の上にあらわれる、という意味だね。

ヒント 2 ⑥「うつる」を「写る」「移る」と書かないように注意しましょう。

きほんのドリル 6。

公共図書館を活用しよう (2)

時間 15分　合格80点　/100

答え 99ページ　サクッとこたえあわせ

月　日

書いて覚えよう！

教 42ページ
展　テン（長く）
10画　展展展展展展展展展展
展示（てんじ）　発展（はってん）　展開（てんかい）　展望台（てんぼうだい）
展（しかばね／かばね）

教 43ページ
蔵　ゾウ（わすれずに）
15画　蔵蔵蔵蔵蔵蔵蔵蔵蔵蔵蔵蔵蔵蔵蔵
所蔵（しょぞう）　冷蔵庫（れいぞうこ）　貯蔵（ちょぞう）　蔵書（ぞうしょ）
蔵（くさかんむり）

教 43ページ
訪　ホウ　たず ねる（はねる）
11画　訪訪訪訪訪訪訪訪訪訪訪
訪問（ほうもん）　来訪（らいほう）　家（いえ）を訪（たず）ねる
訪（ごんべん）

「蔵」は十五画目の「丶」を忘（わす）れないようにしましょう。

1 読みがなを書きましょう。　28点（一つ4）

① 資料を 展示（　　）する。

② 町が 発展（　　）する。

③ 絵画を 所蔵（　　）する。

④ 蔵書（　　）を管理する。

⑤ 家を 訪問（　　）する。

⑥ 来訪者（　　）があった。

⑦ 外国を 訪（　　）ねる。

うらのページに続くよ！

2 あてはまる漢字を書きましょう。

72点（一つ9）

① アジアの経済(ざい)が［はってん］した時期を調べる。

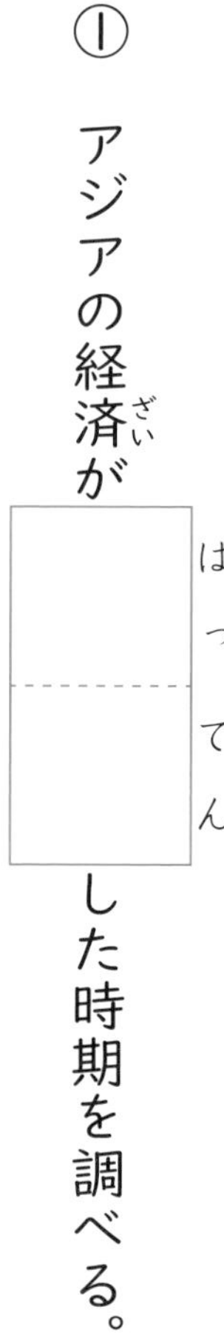

② ビルの［てんぼうだい］から景色を楽しむ。

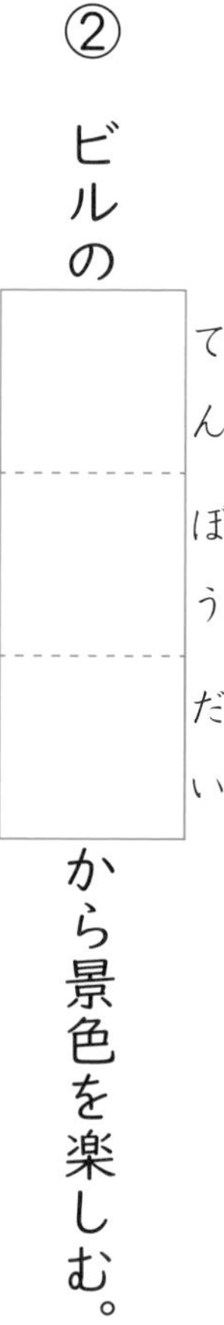

③ 立方体の［てんかいず］をかいてみる。

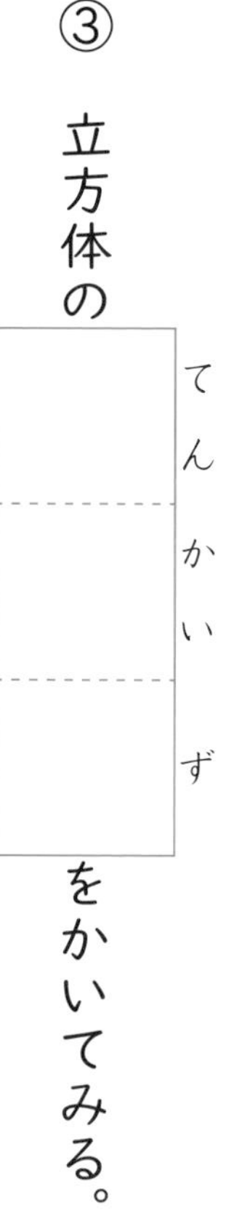

④ 新しい［れいぞうこ］を買いに行く。

⑤ 災害に備えて、食料を［ちょぞう］しておく。

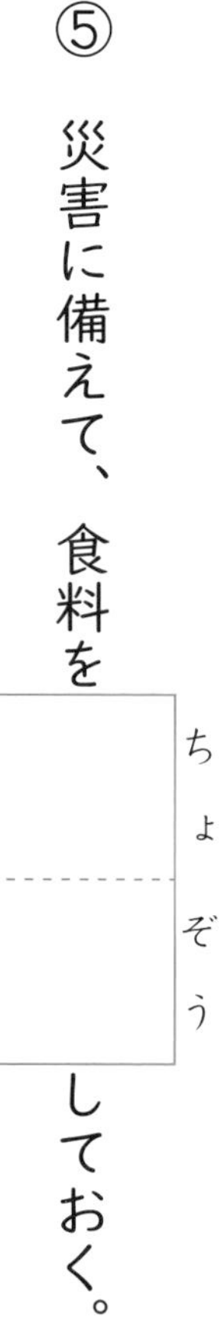

⑥ ドイツから母の知人が［らいほう］する。

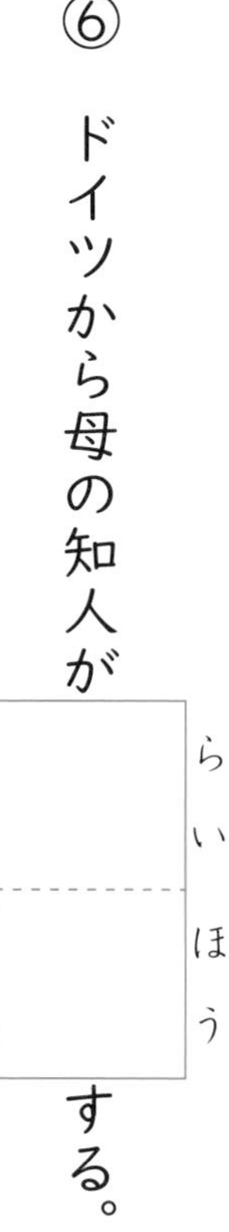

⑦ 桜を見に、海外から多くの人が［ほうにち］した。

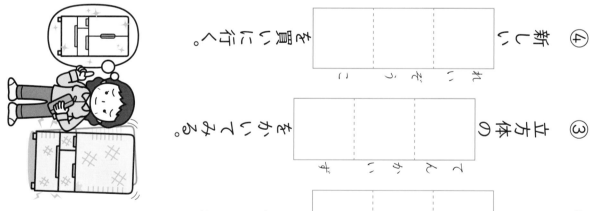

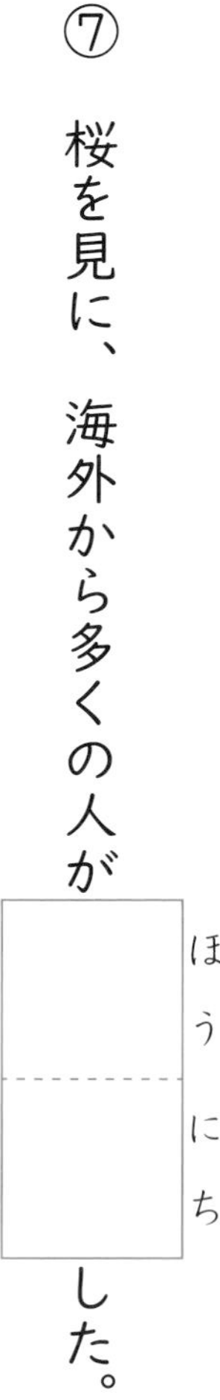

⑧ 三年ぶりに旧友を［たず］ねる。

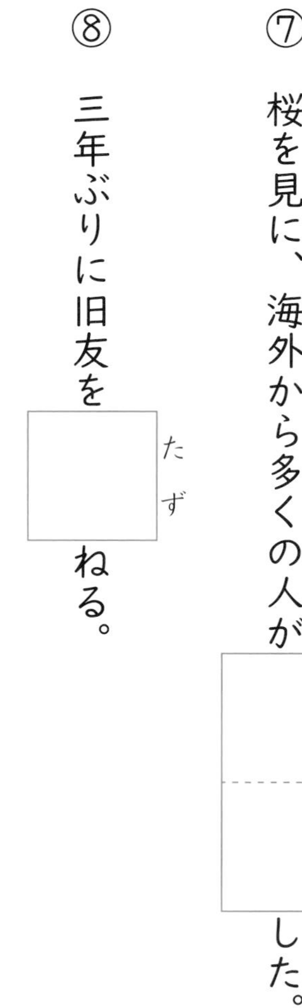

ヒント 2 ⑦「ほうにち」は、「外国の人がにっぽんに来ること」という意味です。

きほんのドリル 7。

漢字の形と音・意味（1）

時間15分　合格80点　／100

答え 99ページ

月　日

書いて覚えよう！

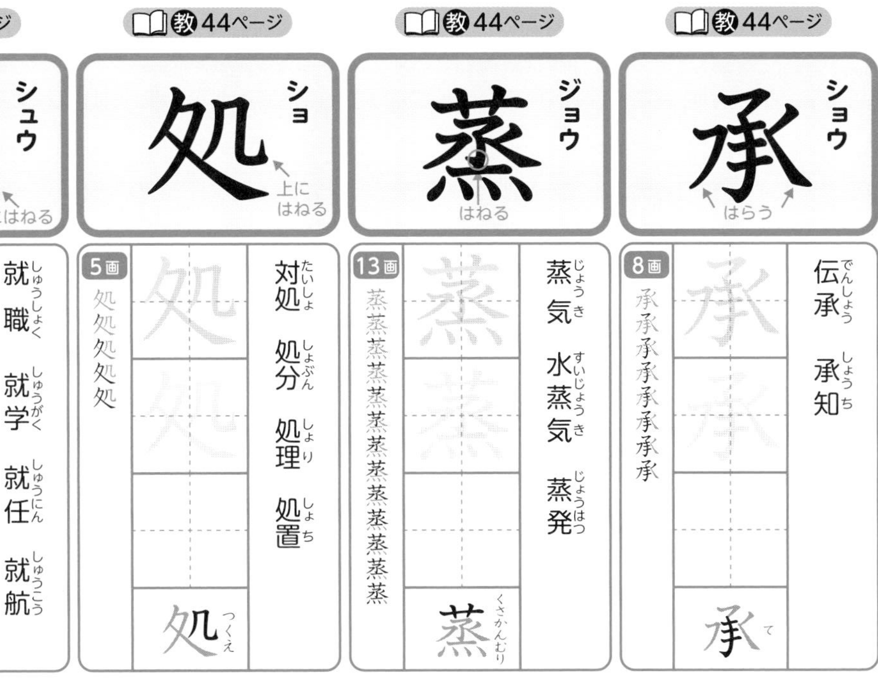

教44ページ
我（われ）
はねる
我々（われわれ）　我に返る（われにかえる）
7画　我我我我我我我
我（ほこづくり・ほこがまえ）

教44ページ
承（ショウ）
はらう
伝承（でんしょう）　承知（しょうち）
8画　承承承承承承承承
承（て）

教44ページ
蒸（ジョウ）
はねる
蒸気（じょうき）　水蒸気（すいじょうき）　蒸発（じょうはつ）
13画　蒸蒸蒸蒸蒸蒸蒸蒸蒸蒸蒸蒸蒸
蒸（くさかんむり）

教44ページ
処（ショ）
上にはねる
対処（たいしょ）　処分（しょぶん）　処理（しょり）　処置（しょち）
5画　処処処処処
処（つくえ）

教44ページ
就（シュウ）
上にはねる
就職（しゅうしょく）　就学（しゅうがく）　就任（しゅうにん）　就航（しゅうこう）
12画　就就就就就就就就就就就就
就（だいのまげあし）

読んで覚えよう！

●…読み方が新しい漢字　＝…送りがな

教44ページ
細（サイ）
ほそい　ほそる　こまか　こまかい

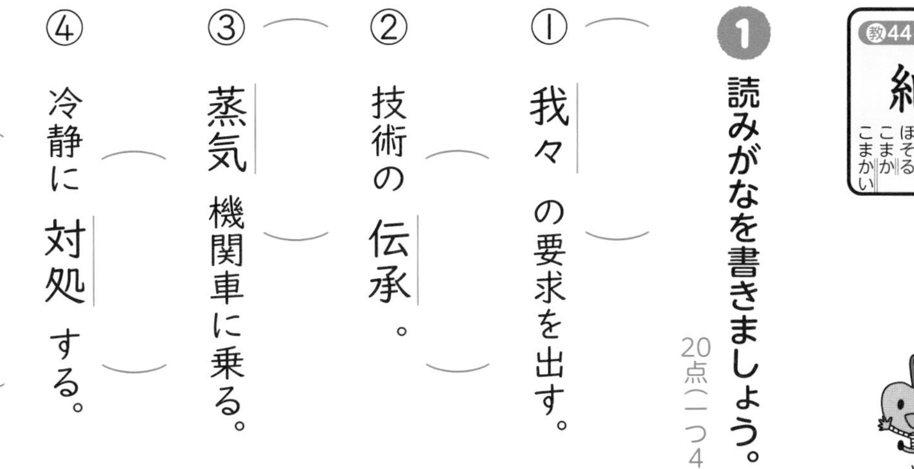

1 読みがなを書きましょう。 20点（一つ4）

① 我々（　　）の要求を出す。

② 技術の伝承（　　）。

③ 蒸気（　　）機関車に乗る。

④ 冷静に対処（　　）する。

⑤ 銀行に就職（　　）する。

うらのページに続くよ！

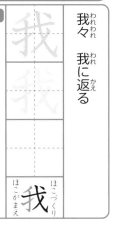

2 あてはまる漢字を書きましょう。

80点（一つ10）

① チームの勝利に［われ］を忘（わす）れて喜ぶ。

② 姉からのたのみを［しょうち］した。

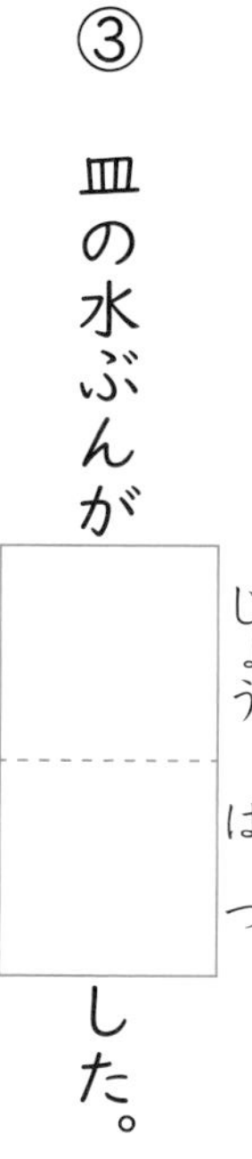

③ 皿の水ぶんが［じょうはつ］した。

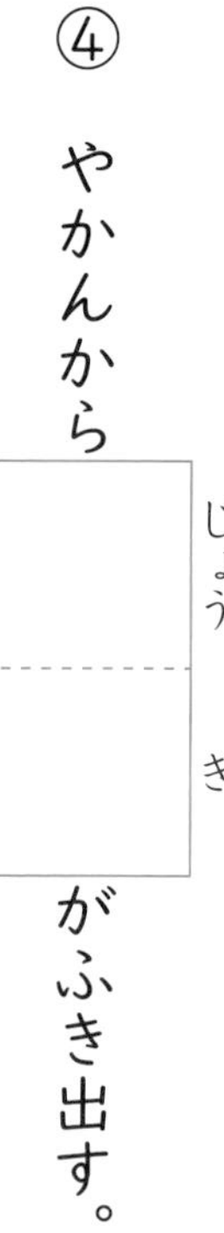

④ やかんから［じょうき］がふき出す。

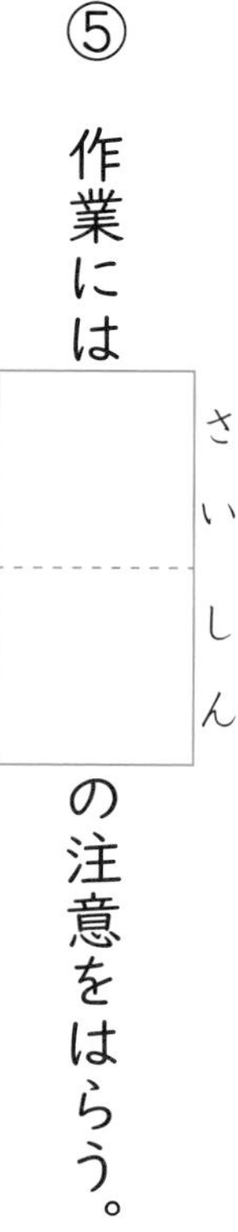

⑤ 作業には［さいしん］の注意をはらう。

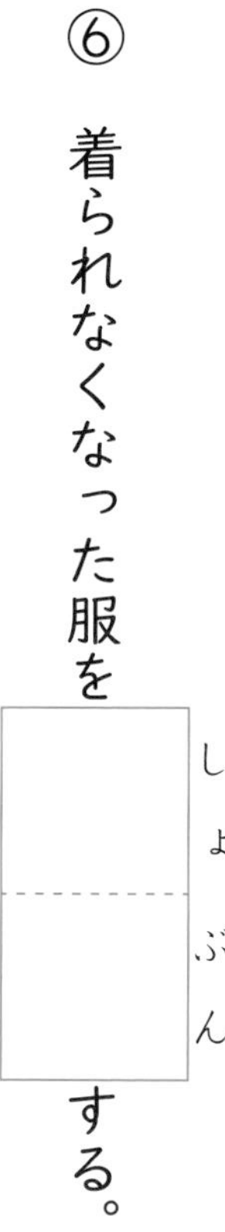

⑥ 着られなくなった服を［しょぶん］する。

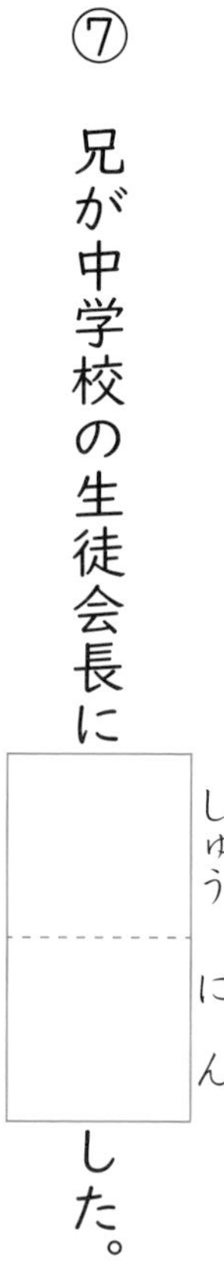

⑦ 兄が中学校の生徒会長に［しゅうにん］した。

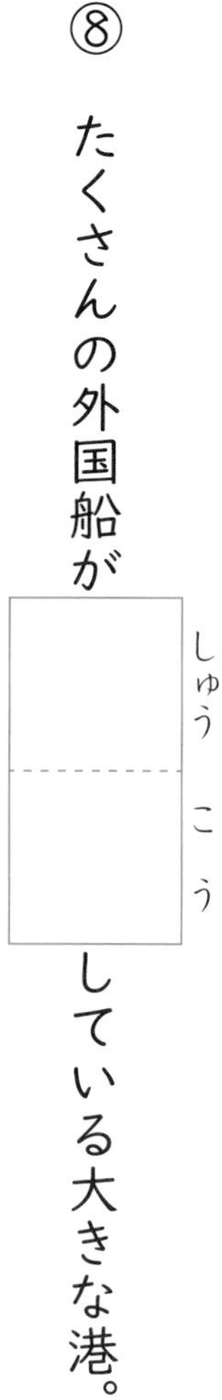

⑧ たくさんの外国船が［しゅうこう］している大きな港。

ヒント 2 ③・④「じょう」の六画目の「フ」を「¬」と「ノ」二画で書かないように注意しましょう。

きほんのドリル 8 漢字の形と音・意味 (2)

時間 15分　合格80点　／100

答え 99ページ　サクッとこたえあわせ

月　日

書いて覚えよう！

臨 教44ページ　リン　「口」の大きさに注意　18画
臨時列車（りんじれっしゃ）　臨機応変（りんきおうへん）　臨海（りんかい）　臨（しん）

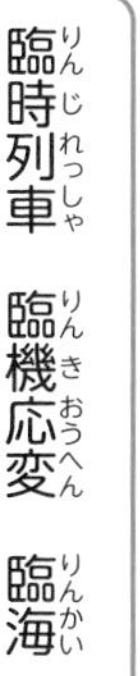

従 教45ページ　ジュウ　したがう　したがえる　つける　10画
従業員（じゅうぎょういん）　従順（じゅうじゅん）　法に従う（ほうにしたがう）　従（ぎょうにんべん）

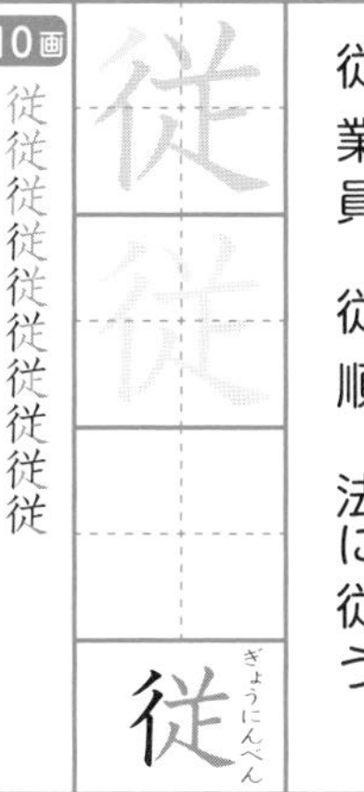

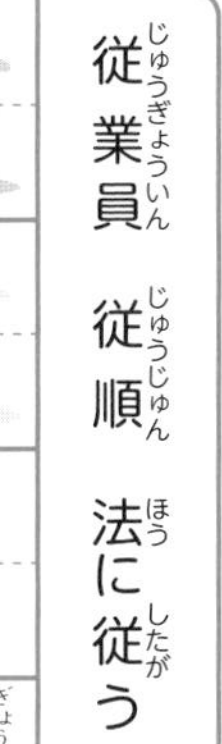

恩 教45ページ　オン　「田」としない　10画
恩返し（おんがえし）　ご恩（ごおん）　恩師（おんし）　恩人（おんじん）　恩（こころ）

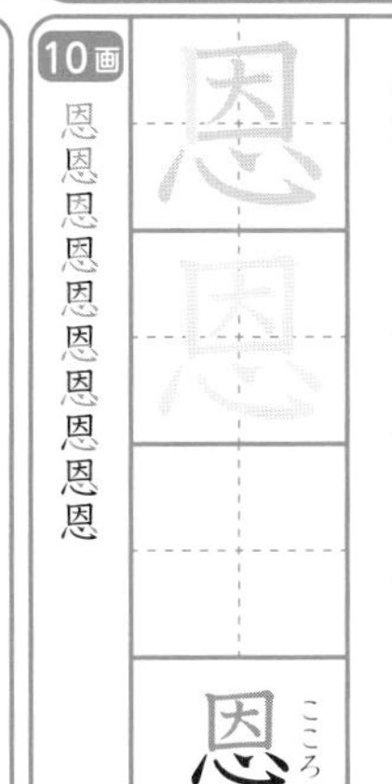

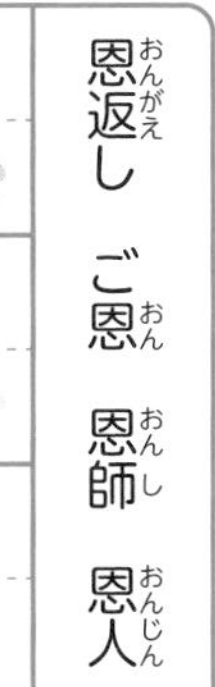

裁 教45ページ　サイ　さばく　わすれずに　12画
裁判所（さいばんしょ）　洋裁（ようさい）　罪を裁く（つみをさばく）　裁（ころも）

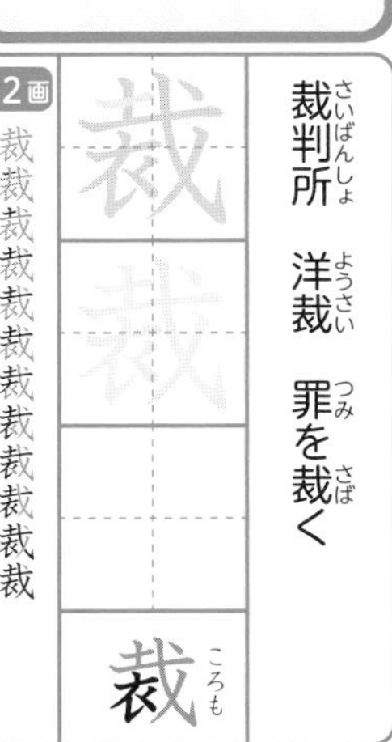

律 教45ページ　リツ　出る　9画
法律（ほうりつ）　規律（きりつ）　調律（ちょうりつ）　一律（いちりつ）　律（ぎょうにんべん）

1 読みがなを書きましょう。

28点（一つ4）

① 臨海（　　）学校に行く。

② 指示に従（　　）う。

③ ホテルの従業員（　　）。

④ 恩人（　　）に会う。

⑤ 三人の裁判官（　　）。

⑥ 罪人を裁（　　）く。

⑦ 法律（　　）を守る。

うらのページに続くよ！

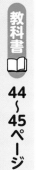

2 あてはまる漢字を書きましょう。

72点(一つ9)

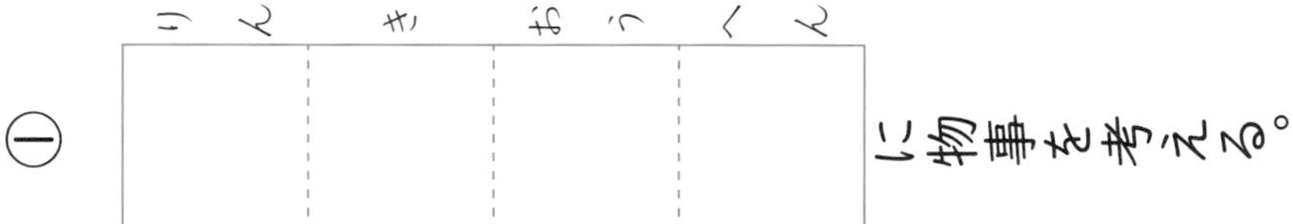
① （りんきおうへん）に物事を考える。

② 連休中に（りんじ）列車に乗る。

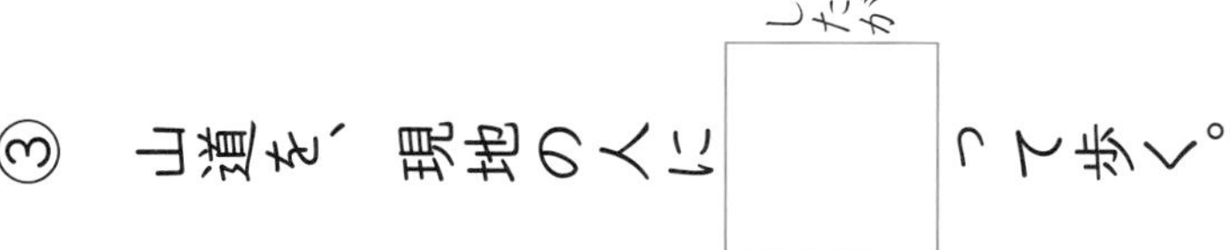
③ 山道を、現地の人に（したが）って歩く。

④ 祖父の家では、（じゅうじゅん）な犬を飼っている。

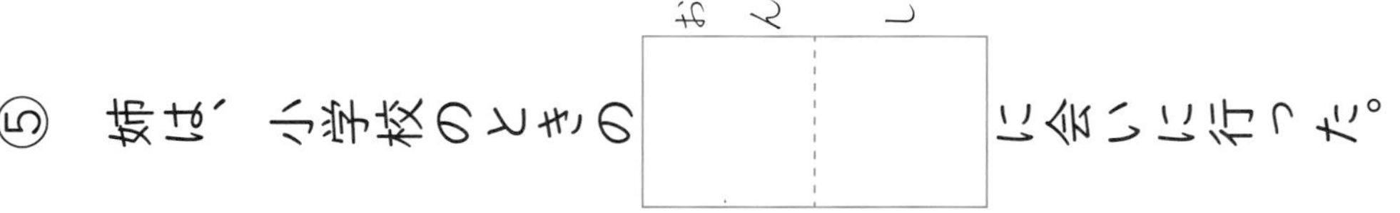
⑤ 姉は、小学校のときの（おんし）に会いに行った。

⑥ （ようさい）が得意な母にスカートをぬってもらった。

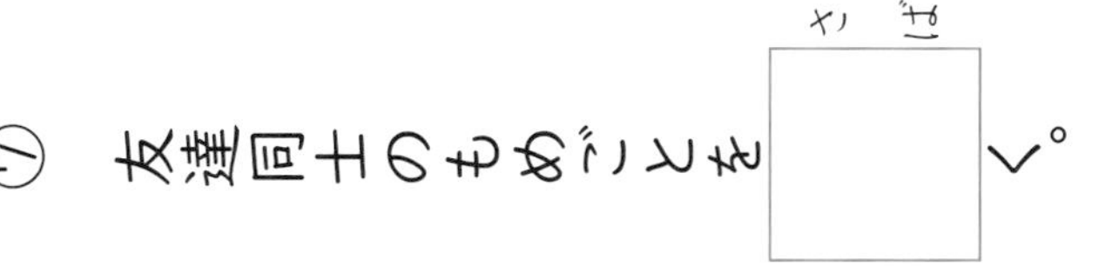
⑦ 友達同士のもめごとを（さば）く。

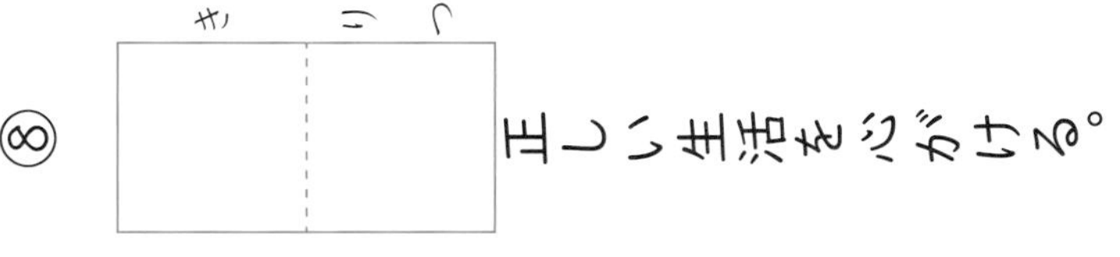
⑧ （きりつ）正しい生活を心がける。

ヒント 2 ⑥「さい」、⑦「さばく」は、十一画目の「丶」を忘れないように注意しましょう。

きほんのドリル 9. 漢字の形と音・意味（3）

時間 15分　合格80点　／100

サクッとこたえあわせ　答え 99ページ

月　日

書いて覚えよう！

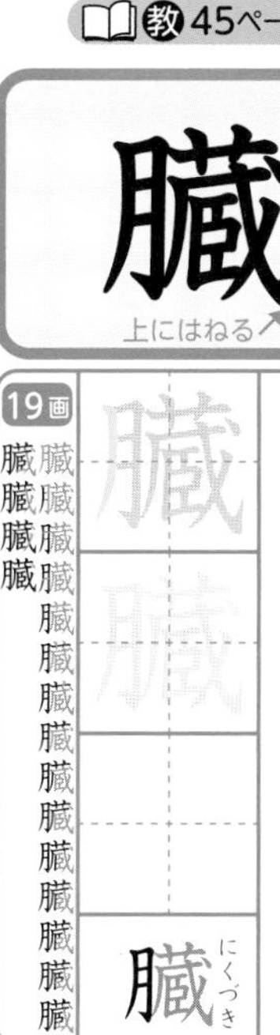

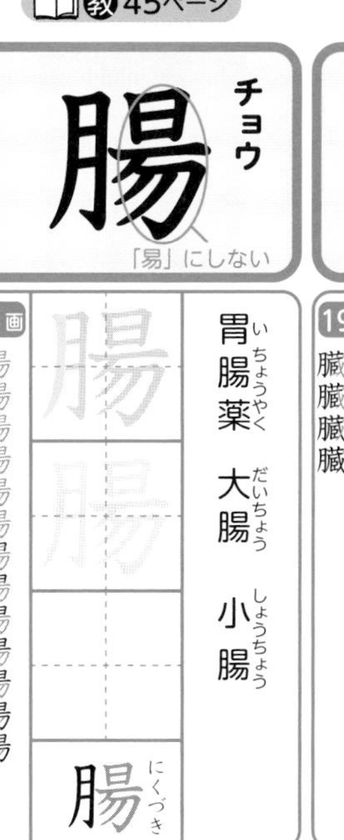

教45ページ
腸 チョウ
「昜」にしない
13画
胃腸薬（いちょうやく）　大腸（だいちょう）　小腸（しょうちょう）
にくづき

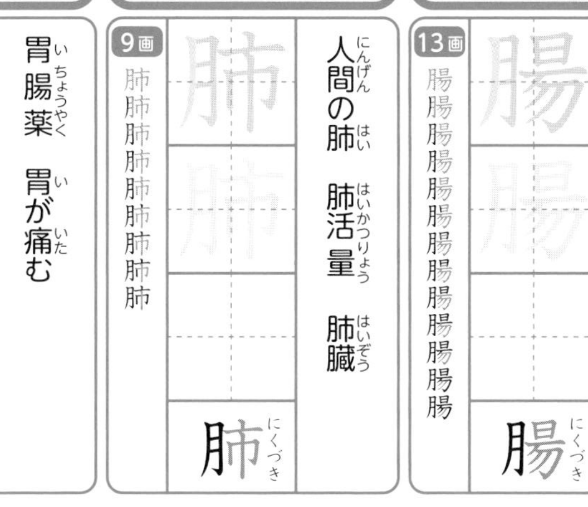

教45ページ
肺 ハイ
はねる
9画
人間の肺（にんげんのはい）　肺活量（はいかつりょう）　肺臓（はいぞう）
にくづき

1 読みがなを書きましょう。
28点（一つ4）

① 脳（　）の働き。
② 各国の首脳（　）。
③ 心臓（　）が動き続ける。
④ 臓器（　）の役割（わり）を知る。
⑤ 腸（　）の薬を飲む。
⑥ 肺（　）に息を吸（す）いこむ。
⑦ 胃（　）が痛（いた）む。

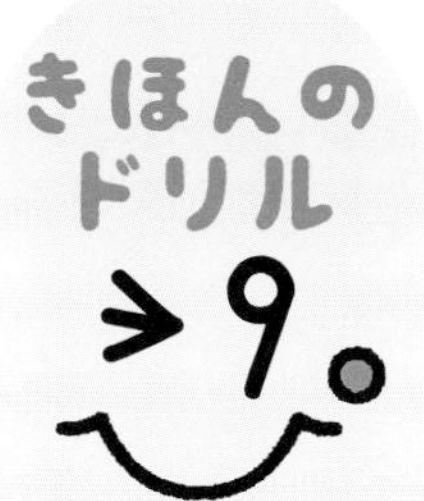

うらのページに続くよ！

2 あてはまる漢字を書きましょう。

72点（一つ9）

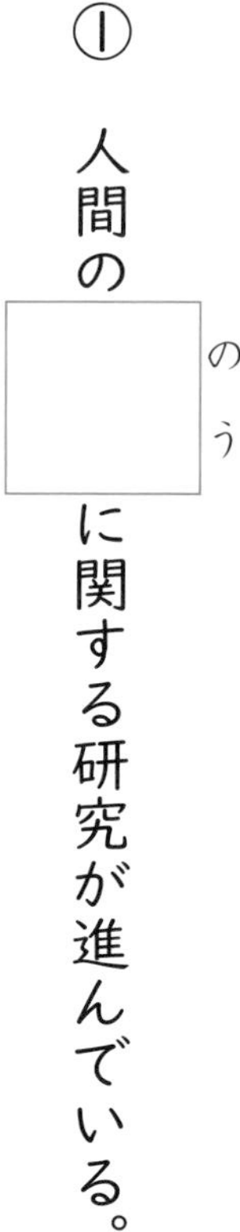
① 人間の［　］（のう）に関する研究が進んでいる。

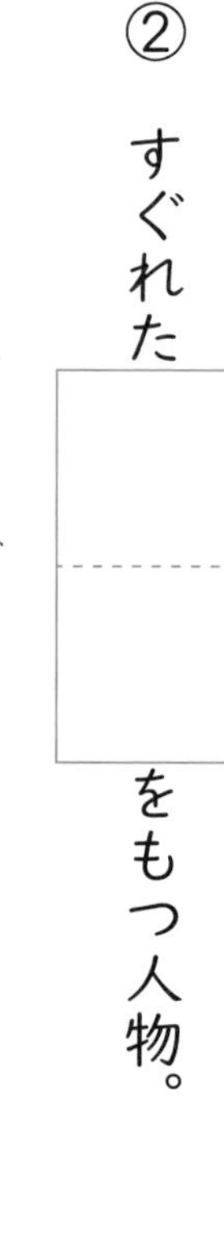
② すぐれた［　　］（ずのう）をもつ人物。

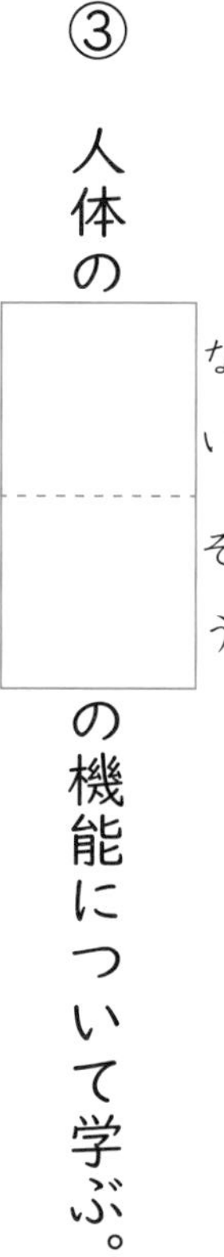
③ 人体の［　　］（ないぞう）の機能について学ぶ。

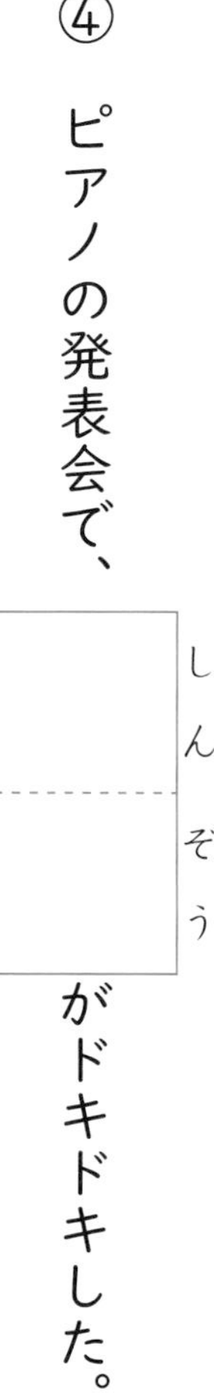
④ ピアノの発表会で、［　　］（しんぞう）がドキドキした。

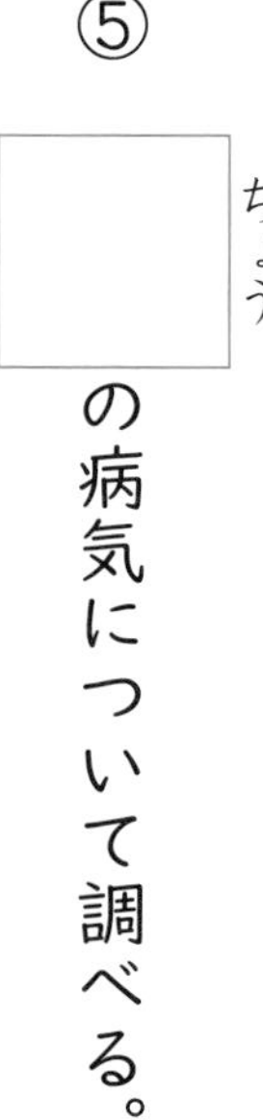
⑤ ［　］（ちょう）の病気について調べる。

身体に関する漢字が多いね。

⑥ レントゲンで［　］（はい）を検査する。

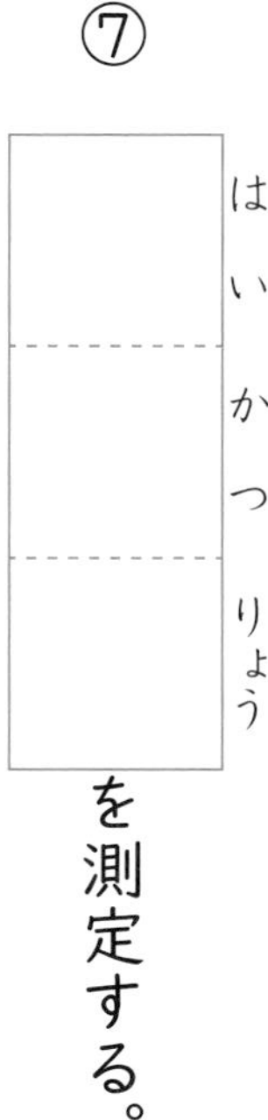
⑦ ［　　　］（はいかつりょう）を測定する。

⑧ 父親の［　］（い）の病気が治った。

ヒント ２ ⑤「ちょう」の「易」を「昜」と書かないように注意しましょう。

笑うから楽しい

時間15分　合格80点　／100　答え100ページ　サクッとこたえあわせ

月　日

書いて覚えよう！

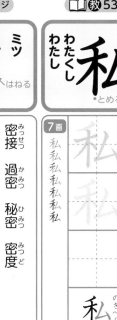

教 53ページ
私 シ　わたくし　わたし（とめる）
7画　私私私私私私私
私語（しご）　私（わたし）の本（ほん）　私事（わたくしごと／しじ）
私（のぎへん）

教 54ページ
密 ミツ（はねる）
11画　密密密密密密密密密密密
密接（みっせつ）　過密（かみつ）　秘密（ひみつ）　密度（みつど）
密（うかんむり）

教 54ページ
呼 コ　よ（ぶ）（はねる）
8画　呼呼呼呼呼呼呼呼
呼吸（こきゅう）　点呼（てんこ）　呼（よ）び起（お）こす
呼（くちへん）

教 55ページ
吸 キュウ　す（う）（出ない）
6画　吸吸吸吸吸吸
呼吸（こきゅう）　吸入（きゅうにゅう）　息（いき）を吸（す）う
吸（くちへん）

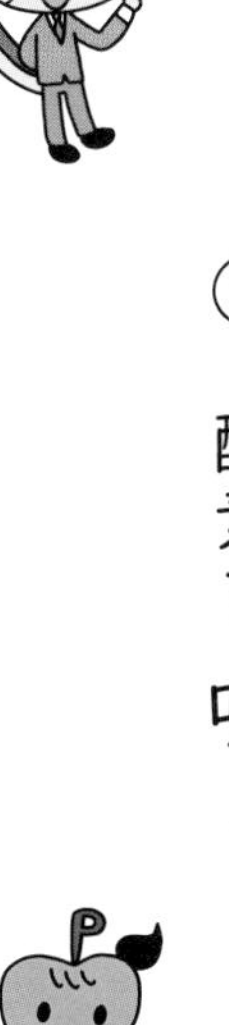
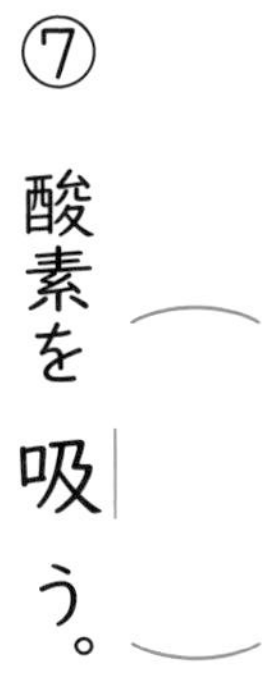

1 読みがなを書きましょう。 28点（一つ4）

① 私（　　）の好きな本。

② 密接（　　）に関係する。

③ 物質の密度（　　）を比べる。

④ 記おくを呼（　　）び起こす。

⑤ 大声で呼（　　）ぶ。

⑥ 呼吸（　　）をする。

⑦ 酸素を吸（　　）う。

← うらのページに続くよ！

2 あてはまる漢字を書きましょう。

72てん(一つ9)

① (わたし)の書道の作品が入賞した。

② 家に帰り、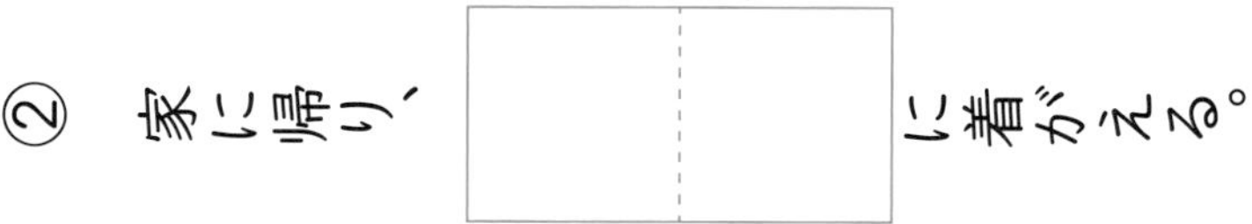(しふく)に着がえる。

③ (わたくし)事(ごと)で欠席する。

④ 人口(みつど)が高い国を調べる。

⑤ あの先生は、名医としての(よ)び声が高い。

⑥ 集まった人たちの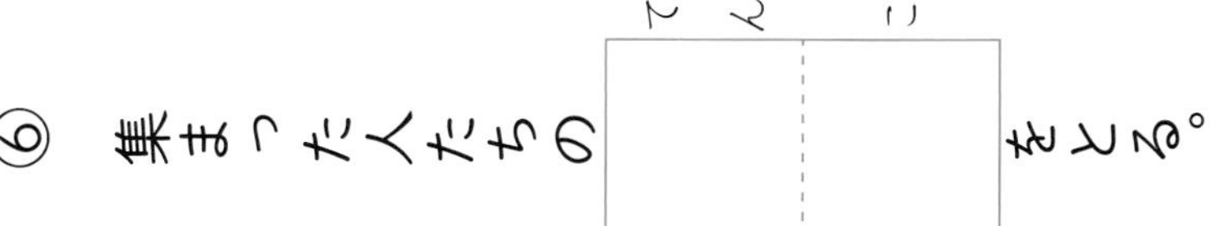(てんこ)をとる。

⑦ このそうじ機は、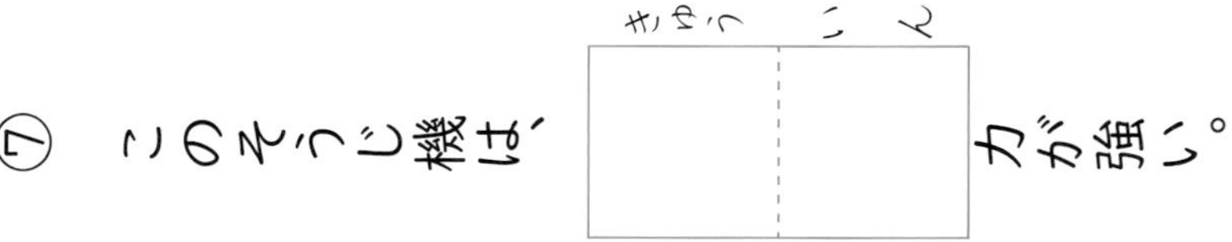(きゅういん)力が強い。

⑧ ミツバチが花のみつを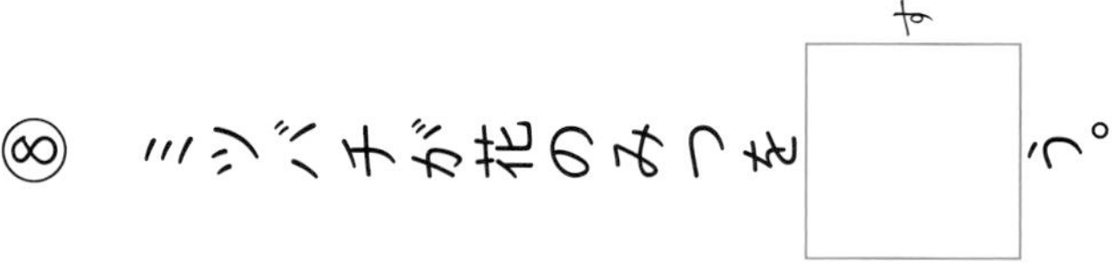(す)う。

ヒント 2 ⑦「きゅう」、⑧「すう」の五画目は、一筆で書きましょう。

まとめのドリル 11。 帰り道〜笑うから楽しい

1 漢字の読みがなを書きましょう。 52点（一つ4）

① 段階（　）を追って、物事を進める。

② 並木道（　）を母と歩く。

③ 純真（　）な子どもたちが主人公の物語。

④ 父のシャツを洗（　）った。

⑤ バスから降（　）りてきた妹に手をふる。

⑥ 道路に砂（　）ぼこりがまい、視界（　）が悪い。

⑦ 背（　）に腹（　）はかえられない。

⑧ 我々（　）の意見は的を射（　）ている。

⑨ 駅前の書店で映画（　）の雑誌（　）を買う。

教科書 25〜55ページ

うらのページに続くよ！

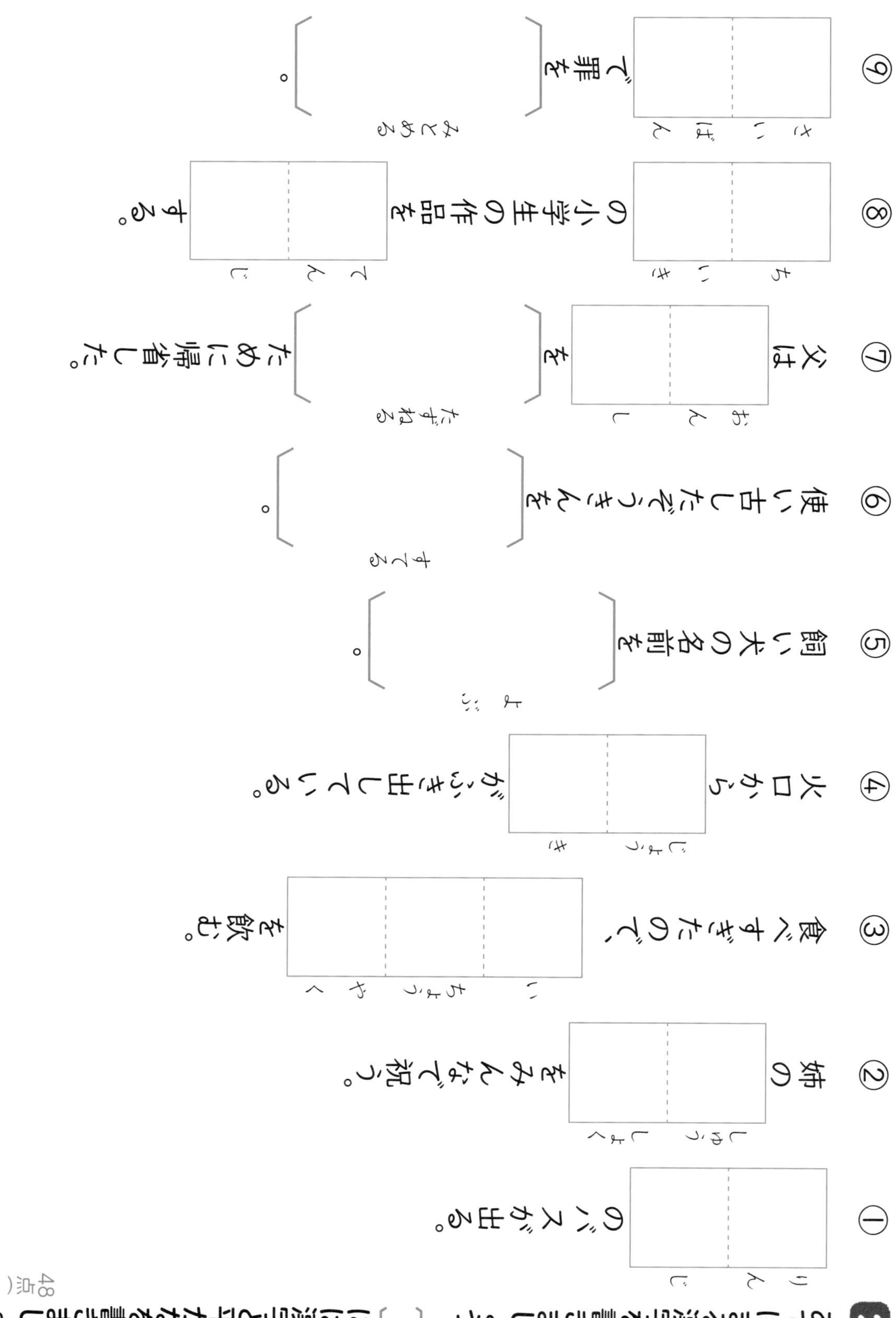

2 あてはまる漢字を書きましょう。〔　〕には漢字と平がなを書きましょう。
48点（一つ4）

① ［りんじ］のバスが出る。

② 姉の［しゅうしょく］をみんなで祝う。

③ 食べすぎたので、［いちょうやく］を飲む。

④ 火口から［じょうき］がふき出している。

⑤ 飼い犬の名前を〔よぶ〕。

⑥ 使い古したぞうきんを〔すてる〕。

⑦ 父は［おんし］を〔たずねる〕ために帰省した。

⑧ ［ちいき］の小学生の作品を［てんじ］する。

⑨ ［さいばん］で罪を〔みとめる〕。

きほんのドリル 12。

時計の時間と心の時間 (1)

書いて覚えよう！

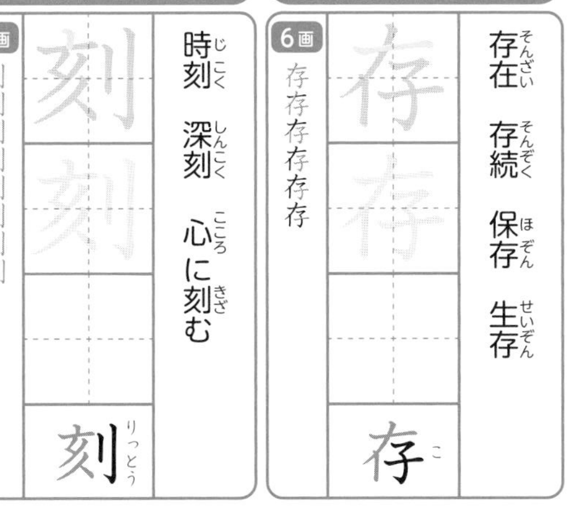

教56ページ
存 ソン ゾン（とめる）
6画 存存存存存存
存在（そんざい） 存続（そんぞく） 保存（ほぞん） 生存（せいぞん）
存（こ）

教58ページ
刻 コク きざむ（出ない）
8画 刻刻刻刻刻刻刻刻
時刻（じこく） 深刻（しんこく） 心（こころ）に刻（きざ）む
刻（りっとう）

教59ページ
激 ゲキ はげしい（はねる）
16画 激激激激激激激激激激激激激激激激
刺激（しげき） 感激（かんげき） 激（はげ）しい雨（あめ）
激（さんずい）

教60ページ
簡 カン（はねる）
18画 簡簡簡簡簡簡簡簡簡簡簡簡簡簡簡簡簡簡
簡単（かんたん） 簡潔（かんけつ） 簡易（かんい） 簡略（かんりゃく）
簡（たけかんむり）

教60ページ
机 つくえ（とめる）
6画 机机机机机机
机（つくえ）に向（む）かう 机（つくえ）を動（うご）かす
机（きへん）

1 読みがなを書きましょう。 28点（一つ4）

① 身近な 存在（　　）。

② 生存（　　）を確にんする。

③ 決まった 時刻（　　）に出る。

④ 板に文字を 刻（　　）む。

⑤ 刺（し）激（　　）が多い。

⑥ 簡単（　　）な実験。

⑦ 机（　　）を軽くたたく。

← うらのページに続くよ！

❷ あてはまる漢字を書きましょう。

72点（一つ9）

① バスの路線を［そんぞく］させるために署(しょ)名活動をする。

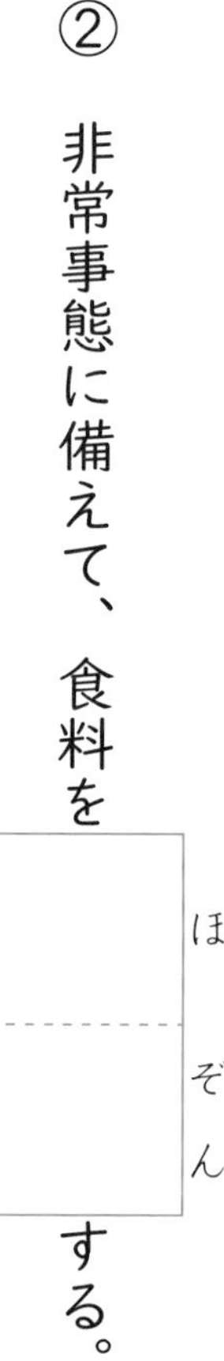

② 非常事態に備えて、食料を［ほぞん］する。

③ ［しんこく］に物事を考えすぎないようにしている。

④ ［きざ］んだ野菜を冷蔵庫にしまう。

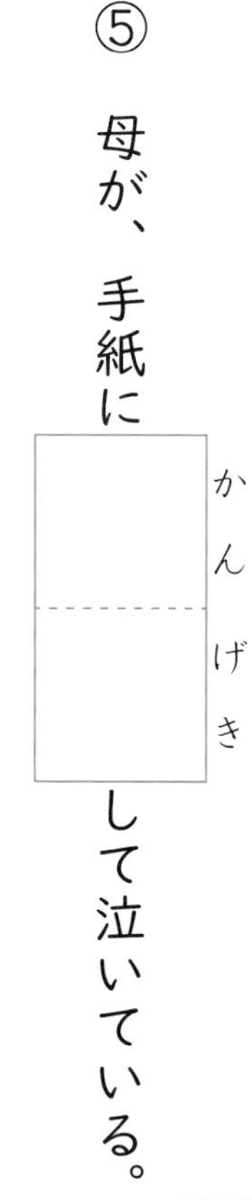

⑤ 母が、手紙に［かんげき］して泣いている。

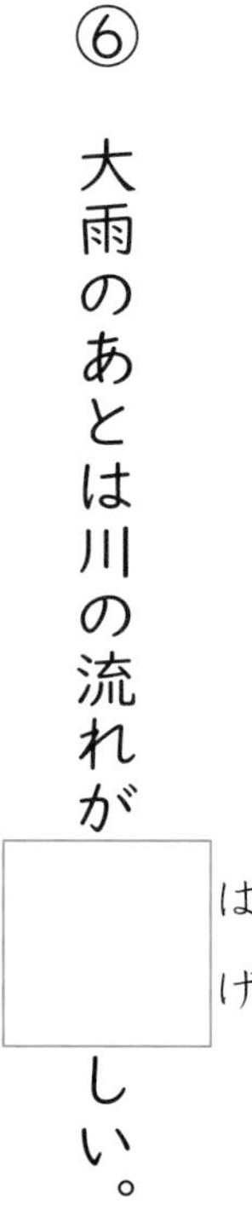

⑥ 大雨のあとは川の流れが［はげ］しい。

⑦ インタビューの内容を［かんけつ］にまとめる。

⑧ 教室のそうじをするために、［つくえ］をろうかに運ぶ。

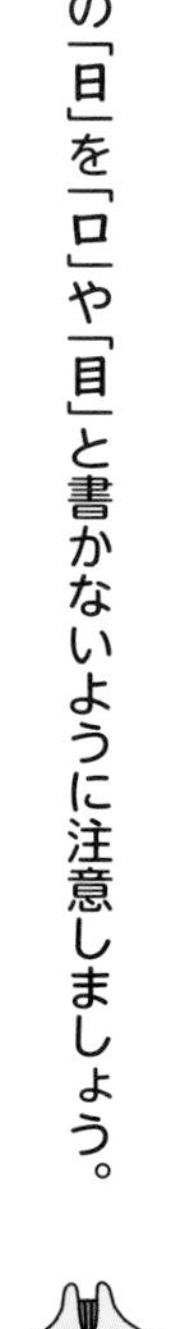

ヒント ❷ ⑦「かん」の「日」を「口」や「目」と書かないように注意しましょう。

きほんのドリル 13。

時計の時間と心の時間 (2)
文の組み立て (1)

時間 15分　合格80点　/100

答え 100ページ　サクッとこたえあわせ

月　日

書いて覚えよう！

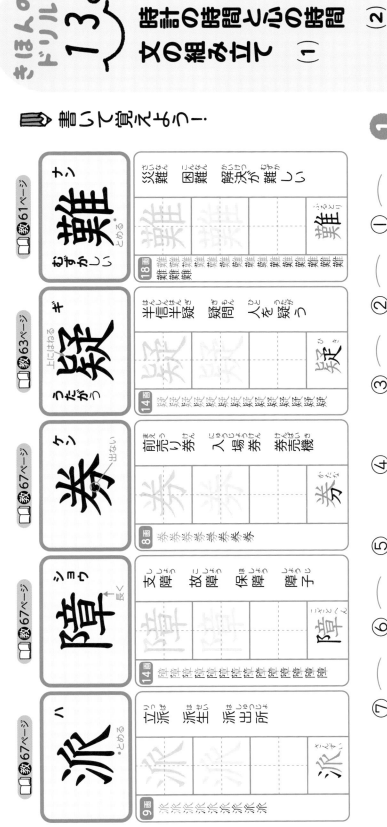

教 61ページ
難 ナン むずかしい（とめる）
18画
災難（さいなん）　困難（こんなん）　解決（かいけつ）が難（むずか）しい
難（ふるとり）

教 63ページ
疑 ギ うたがう（上にはねる）
14画
半信半疑（はんしんはんぎ）　疑問（ぎもん）　人（ひと）を疑（うたが）う
疑（ひき）

教 67ページ
券 ケン（出ない）
8画
前売（まえう）り券（けん）　入場券（にゅうじょうけん）　券売機（けんばいき）
券（かたな）

教 67ページ
障 ショウ（長く）
14画
支障（ししょう）　故障（こしょう）　保障（ほしょう）　障子（しょうじ）
障（こざとへん）

教 67ページ
派 ハ（とめる）
9画
立派（りっぱ）　派生（はせい）　派出所（はしゅつじょ）
派（さんずい）

1 読みがなを書きましょう。

28点（一つ4）

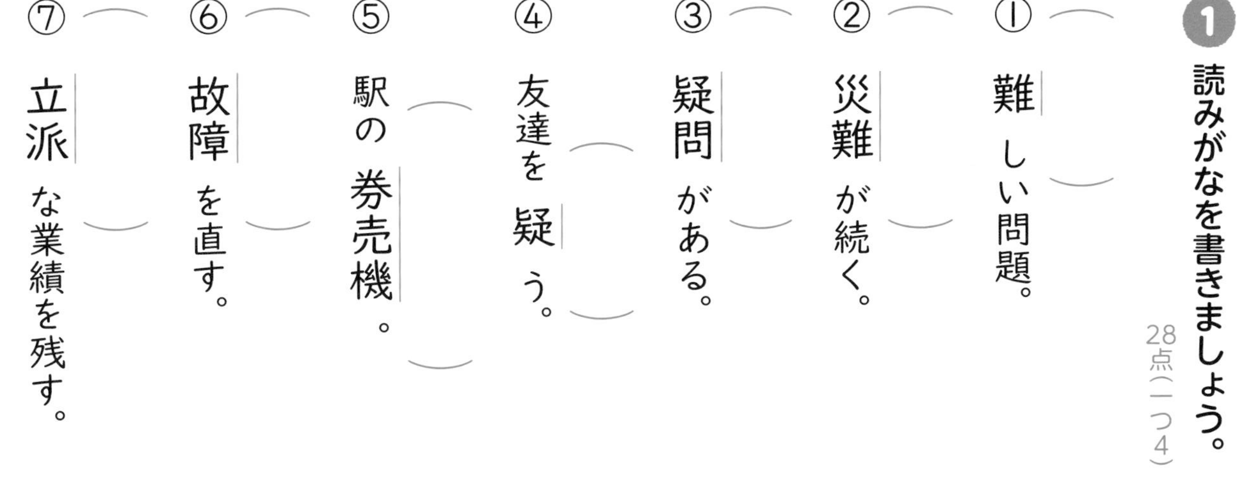

① 難しい問題。

② 災難が続く。

③ 疑問がある。

④ 友達を疑う。

⑤ 駅の券売機。

⑥ 故障を直す。

⑦ 立派な業績を残す。

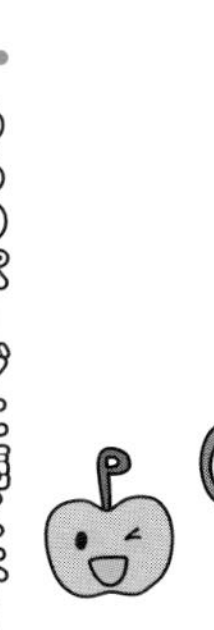

うらのページに続くよ！

2 あてはまる漢字を書きましょう。

72点（一つ9）

①　姉の出したなぞなぞは［なんもん］だ。

②　祖父が［むずか］しい顔をしている。

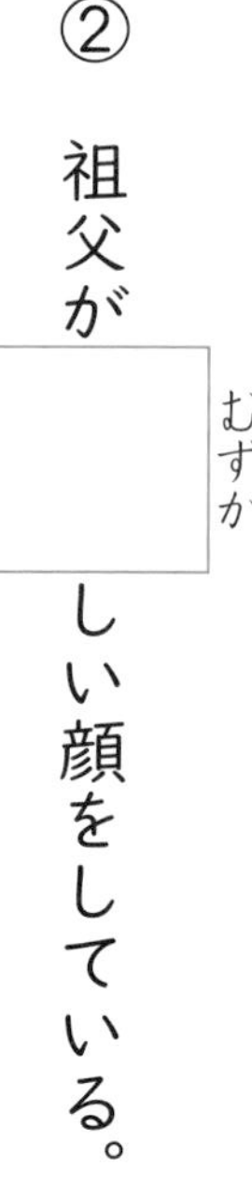

③　先生に確かめて、［ぎもん］が解決した。

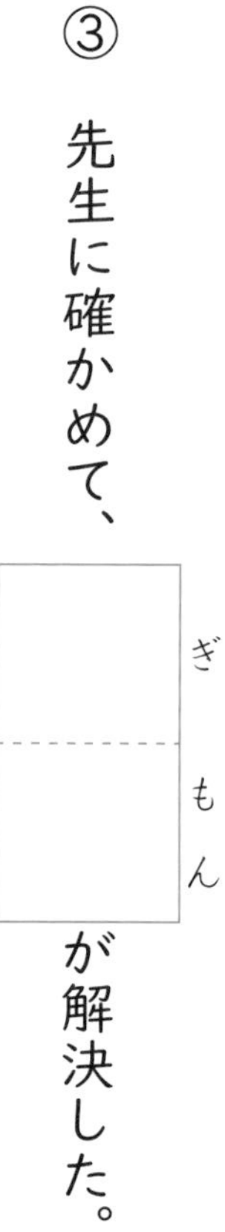

④　弟に、［うたが］ったことについてあやまる。

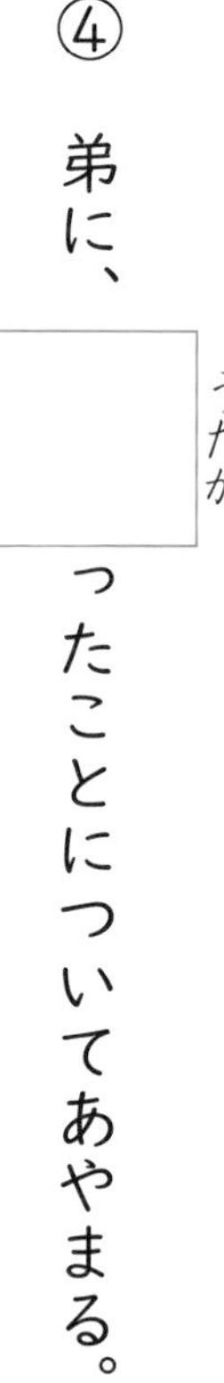

⑤　休日に［ていきけん］を買いに行く。

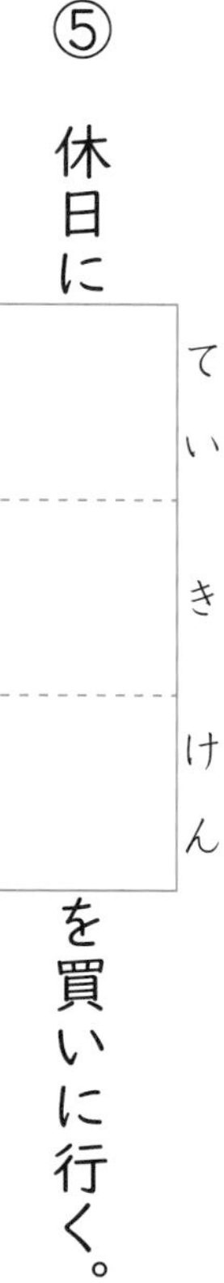

⑥　［しょうじ］を破って、母におこられる。

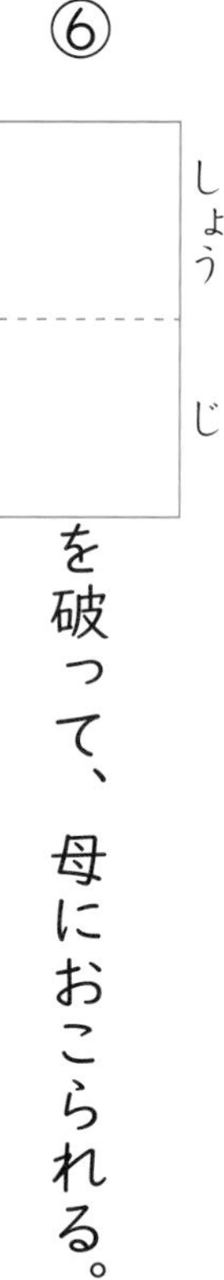

⑦　バスが［こしょう］して、約束の時間におくれてしまう。

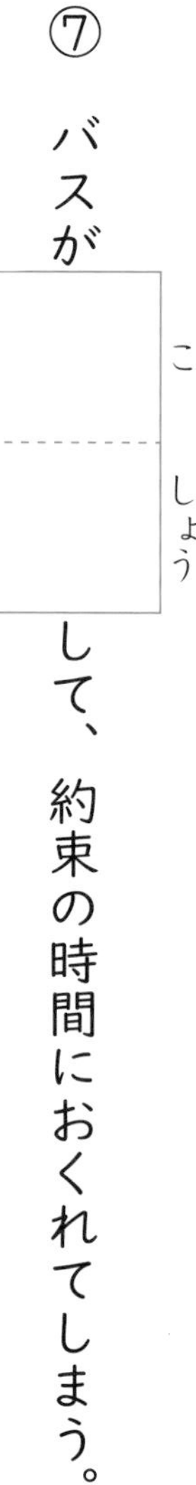

⑧　空手の［りゅうは］について、図書館で調べる。

ヒント ２ ⑤「けん」の「刀」を「カ」と書かないように注意しましょう。

きほんのドリル 14。 文の組み立て (2)

時間 15分
合格80点
/100
サクッとこたえあわせ
答え 100ページ
月　日

書いて覚えよう！

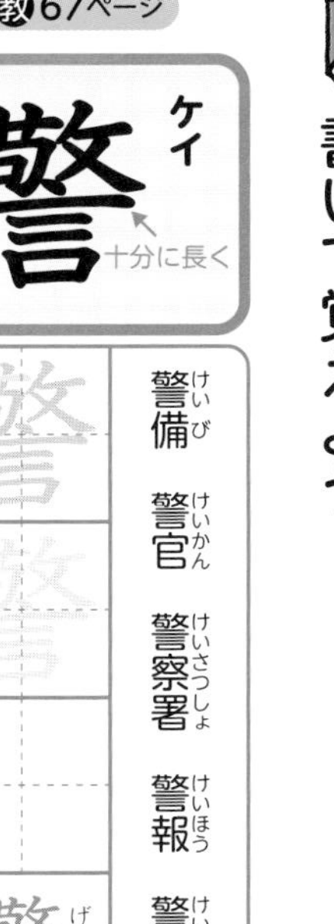
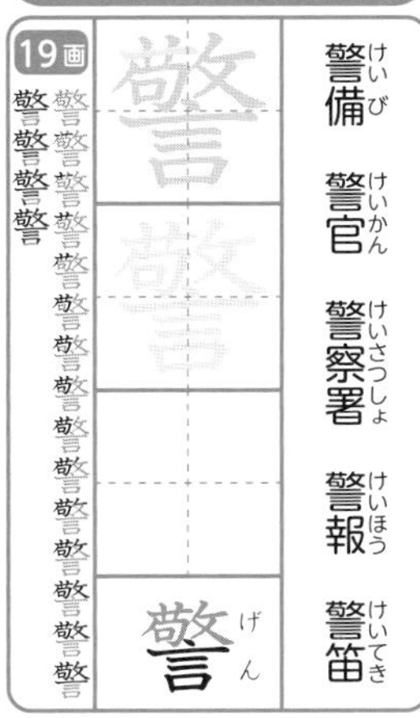

教67ページ
警（ケイ）　十分に長く
19画
警備（けいび）　警官（けいかん）　警察署（けいさつしょ）　警報（けいほう）　警笛（けいてき）
言（げん）

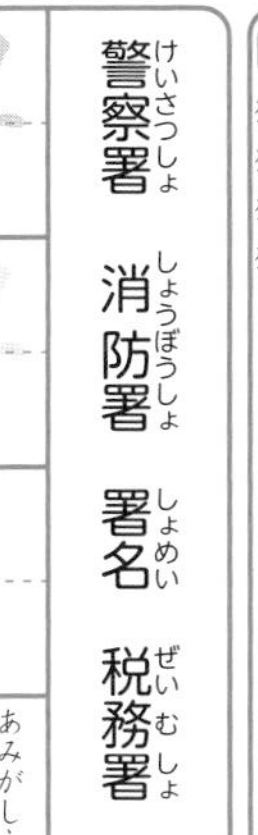
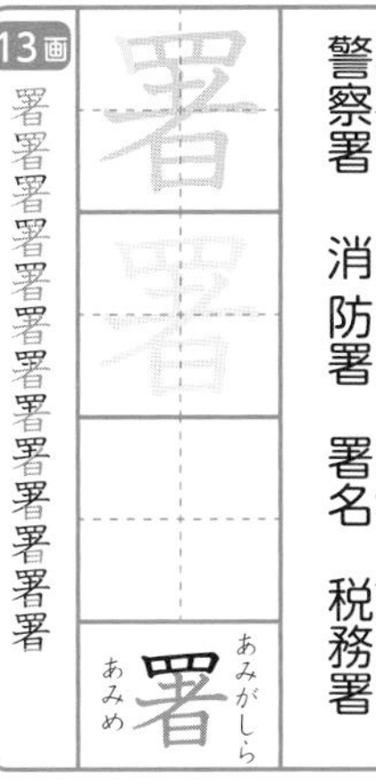

教67ページ
署（ショ）　「四」にしない
13画
警察署（けいさつしょ）　消防署（しょうぼうしょ）　署名（しょめい）　税務署（ぜいむしょ）
罒（あみがしら・あみめ）

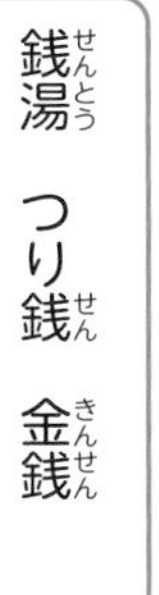
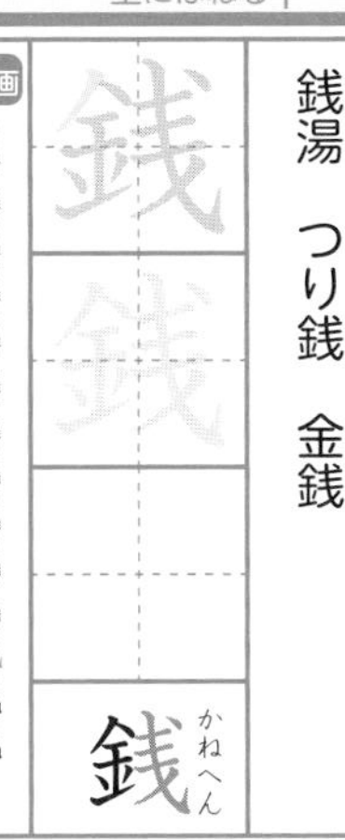

教67ページ
銭（セン）　上にはねる
14画
銭湯（せんとう）　つり銭（せん）　金銭（きんせん）
金（かねへん）

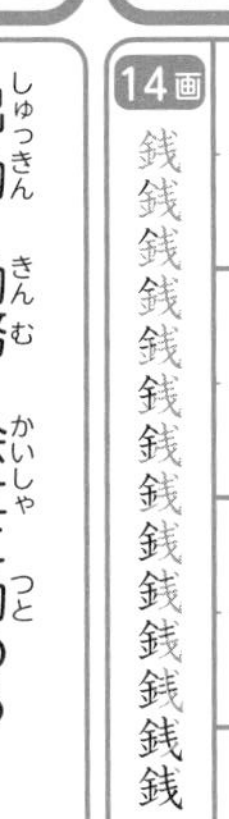

教67ページ
勤（キン・つとめる・つとまる）　はねる
12画
出勤（しゅっきん）　勤務（きんむ）　会社（かいしゃ）に勤（つと）める
力（ちから）

教67ページ
諸（ショ）　長く
15画
諸国（しょこく）　諸島（しょとう）　諸問題（しょもんだい）　諸説（しょせつ）
言（ごんべん）

1 読みがなを書きましょう。

28点（一つ4）

① 警官（　　）と話す。

② 税務署（　　）を訪ねる。

③ 警察署（　　）の建物。

④ 近所にある銭湯（　　）。

⑤ 役所に勤（　　）める。

⑥ 支店に在勤（　　）する。

⑦ 諸国（　　）を旅する。

← うらのページに続くよ！

2 あてはまる漢字を書きましょう。

72点（一つ9）

① ようやく大雨 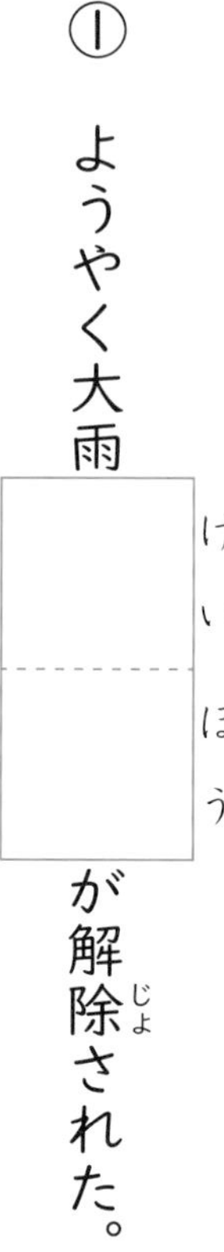（けいほう） が解除（じょ）された。

② 電車が 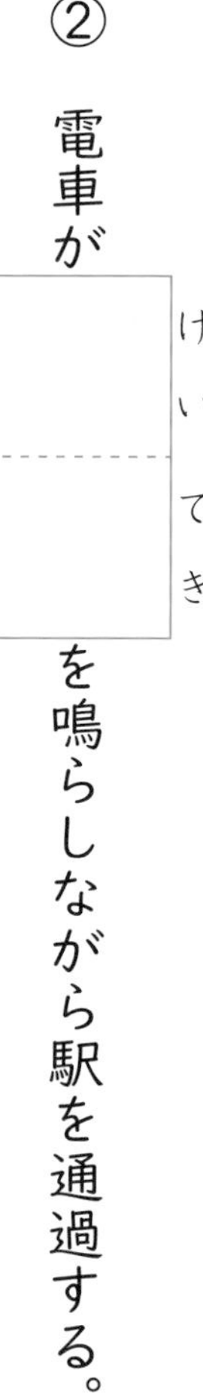（けいてき） を鳴らしながら駅を通過する。

③ 通学路には （しょうぼうしょ） がある。

④ 駅前で 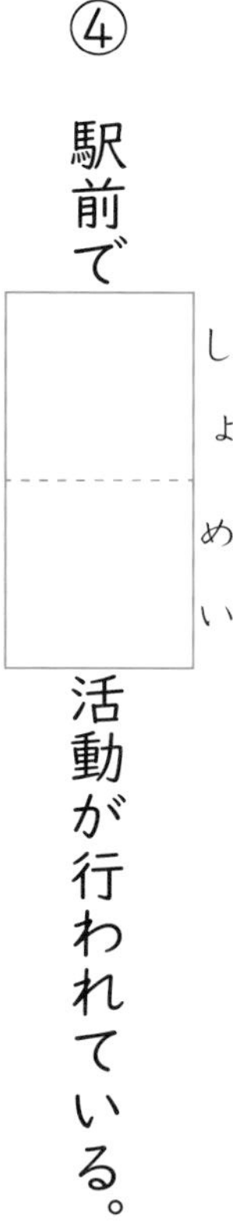（しょめい） 活動が行われている。

⑤ スーパーのレジで、つり （せん） を受け取る。

⑥ 父は鉄道会社に 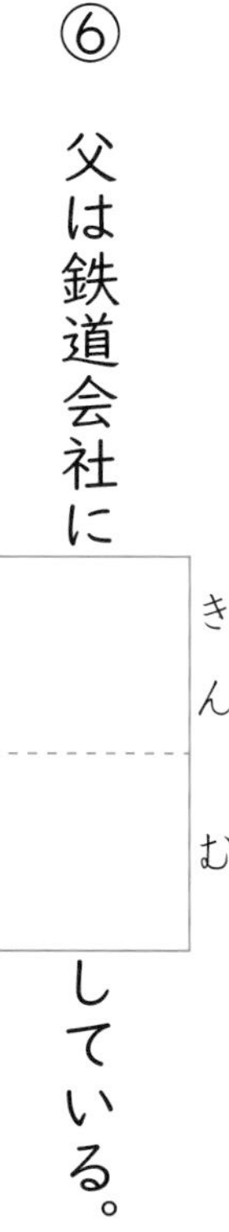（きんむ） している。

⑦ 母の （つと） め先に電話をする。

⑧ 船で南西 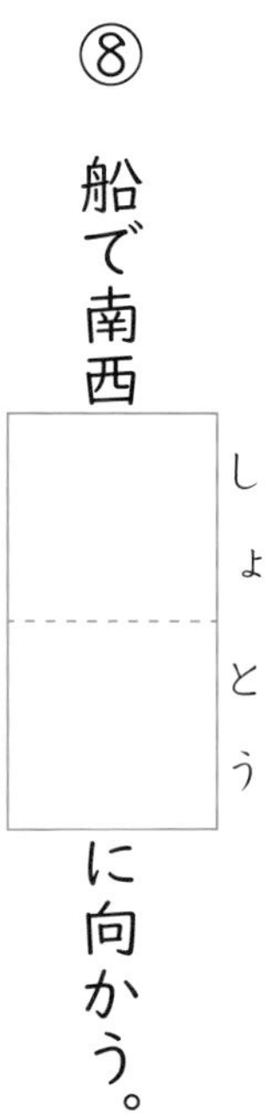（しょとう） に向かう。

2 ⑥「きん」、⑦「つとめる」の七画目は、上につき出さないように注意しましょう。

きほんのドリル 15. 文の組み立て (3)

書いて覚えよう！

教67ページ
供
キョウ
そなえる
とも
長く
8画
供供供供供供供供
提供(ていきょう) 供給(きょうきゅう) 水(みず)を供(そな)える 子供(こども)
供 にんべん

教67ページ
収
シュウ
おさめる
おさまる
はらう
4画
収収収収
収納庫(しゅうのうこ) 吸収(きゅうしゅう) 成功(せいこう)を収(おさ)める
収 また

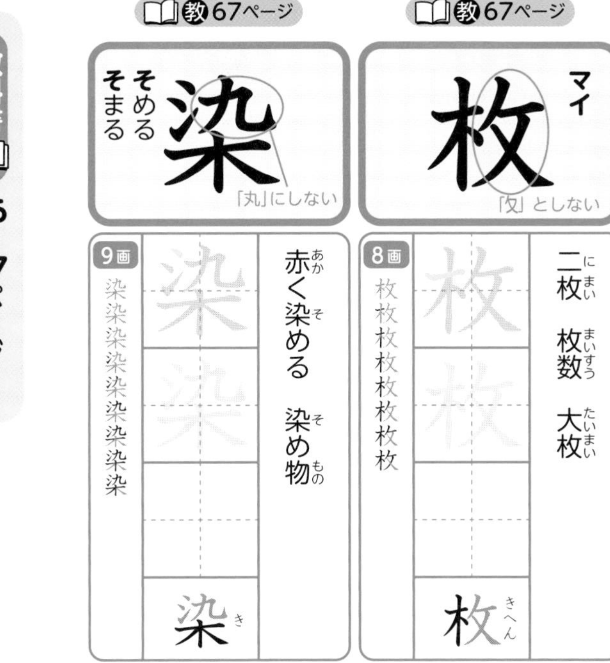

教67ページ
枚
マイ
「攵」としない
8画
枚枚枚枚枚枚枚枚
二枚(にまい) 枚数(まいすう) 大枚(たいまい)
枚 きへん
教67ページ
染
そめる
そまる
「丸」にしない
9画
染染染染染染染染染
赤(あか)く染(そ)める 染(そ)め物(もの)
染 き

1 読みがなを書きましょう。

28点（一つ4）

① 物資を 提供 する。（　　）

② 墓前に花を 供 える。（　　）

③ 子供 と出かける。（　　）

④ 服を 収納 する。（　　）

⑤ 成功を 収 める。（　　）

⑥ 二枚 の色紙。（　　）

⑦ 真っ黒に 染 める。（　　）

← うらのページに続くよ！

❷ あてはまる漢字を書きましょう。

72点（一つ9）

① 商品の［きょう／きゅう］が間に合わず、品切れになる。

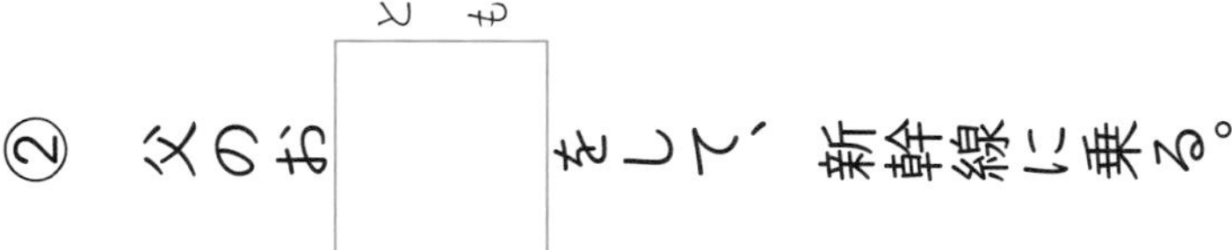

② 父のお［とも］をして、新幹線に乗る。

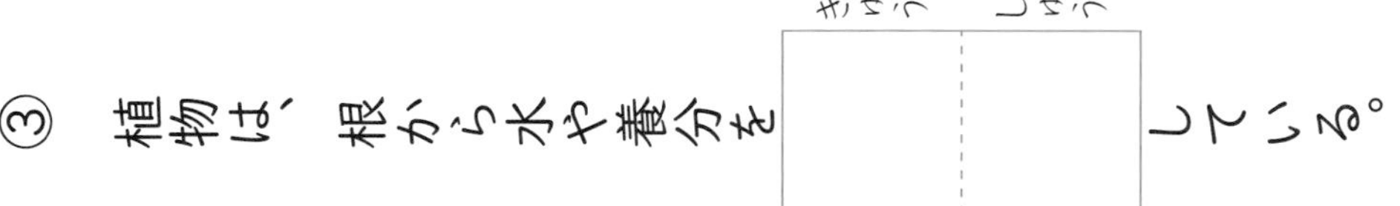

③ 植物は、根から水や養分を［きゅう／しゅう］している。

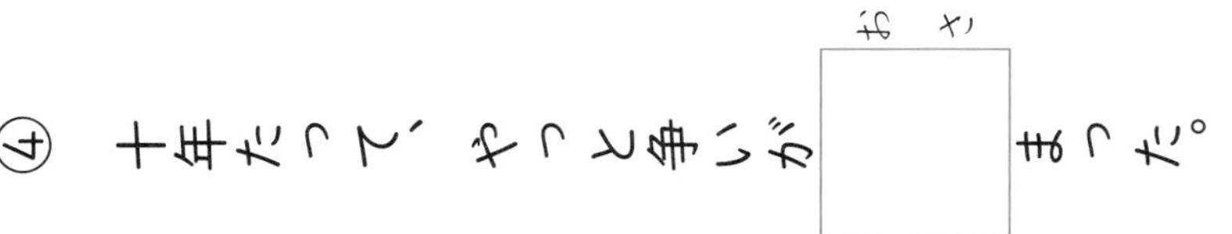

④ 十年たって、やっと争いが［おさ］まった。

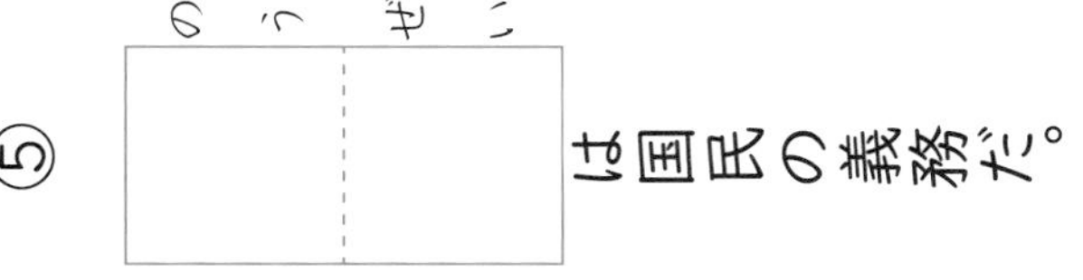

⑤ ［のう／ぜい］は国民の義務だ。

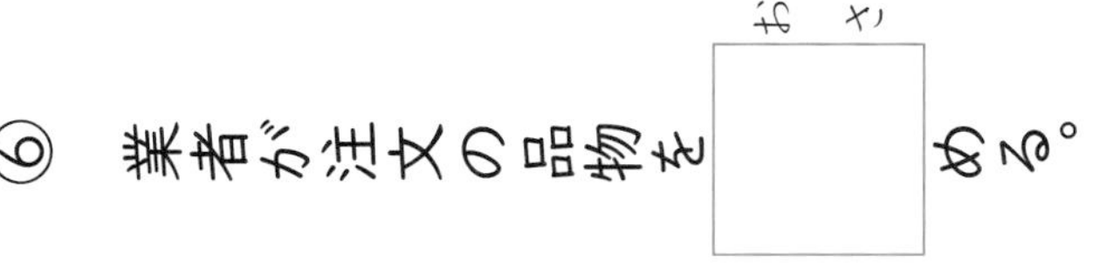

⑥ 業者が注文の品物を［おさ］める。

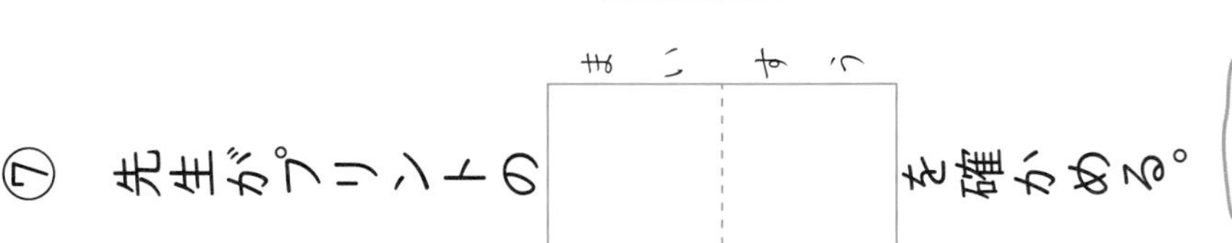

⑦ 先生がプリントの［まい／すう］を確かめる。

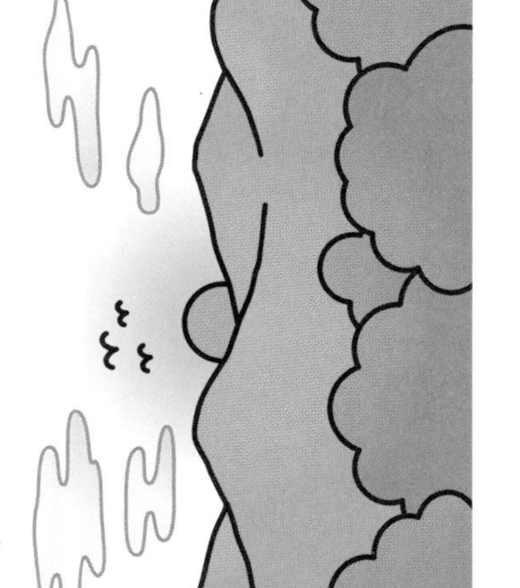

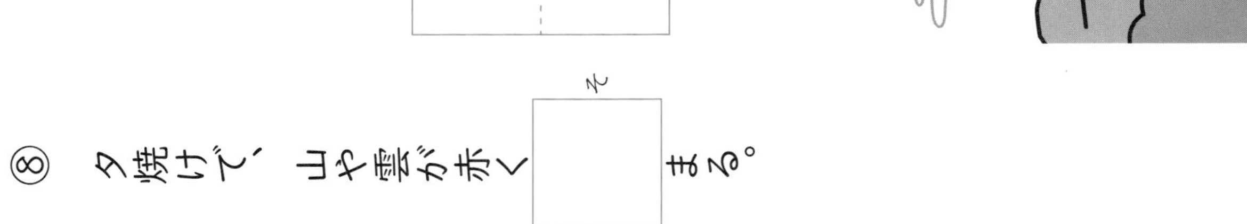

⑧ 夕焼けで、山や雲が赤く［そ］まる。

ヒント ❷ ③「しゅう」、④「おさまる」の一〜二画目の筆順に注意しましょう。

きほんのドリル 16。 文の組み立て たのしみは (4)

書いて覚えよう！

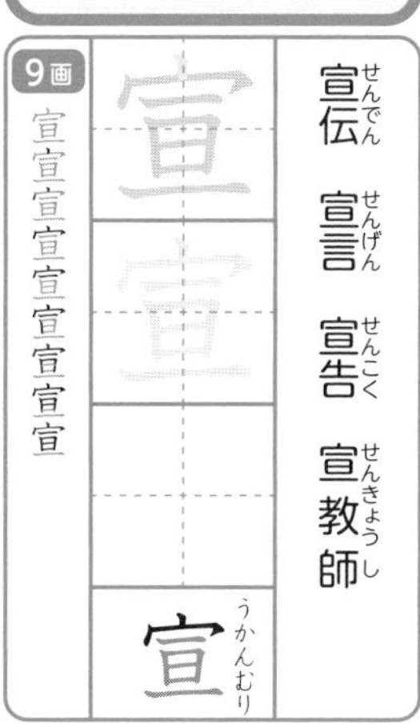

宣（教67ページ） セン　長く
9画　宣宣宣宣宣宣宣宣宣
宣（うかんむり）
宣伝（せんでん）　宣言（せんげん）　宣告（せんこく）　宣教師（せんきょうし）

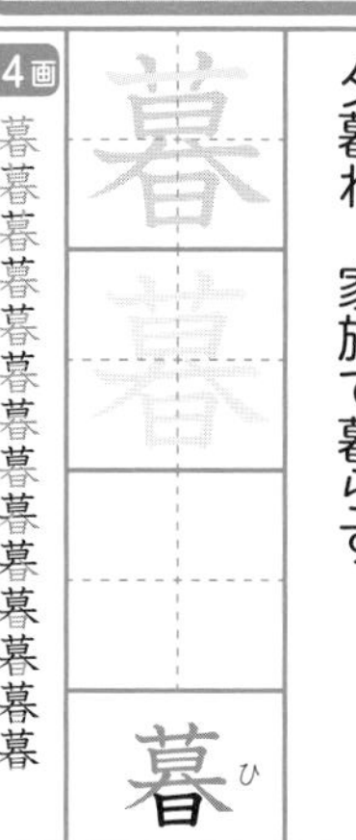
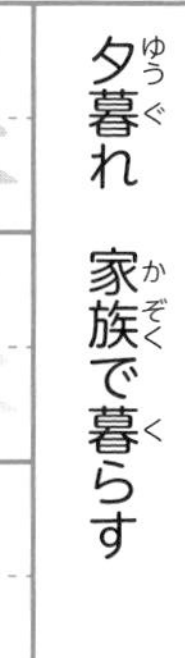

暮（教68ページ） くれる・くらす　長く
14画　暮暮暮暮暮暮暮暮暮暮暮暮暮暮
暮（ひ）
夕暮れ（ゆうぐれ）　家族（かぞく）で暮（く）らす

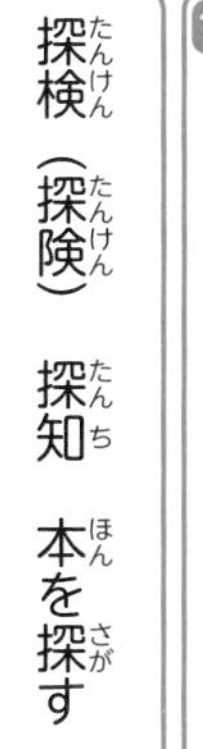

探（教69ページ） タン・さがす　とめる
11画　探探探探探探探探探探探
探（てへん）
探検（たんけん）（探険（たんけん））　探知（たんち）　本（ほん）を探（さが）す

座（教70ページ） ザ　上へ長く
10画　座座座座座座座座座座
座（まだれ）
座席（ざせき）　星座（せいざ）　座談会（ざだんかい）　座高（ざこう）

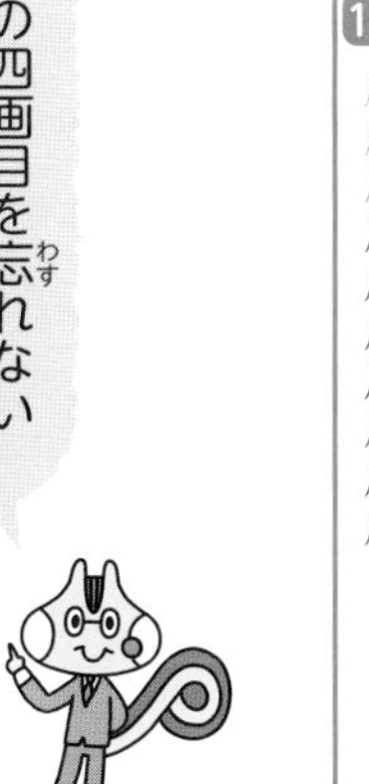

「宣」の四画目を忘（わす）れないようにしましょう。

1 読みがなを書きましょう。 28点（一つ4）

① 映画の宣伝。（　　）
② 日が暮れる。（　　）
③ 楽しい暮らし。（　　）
④ 本を探す。（　　）
⑤ 森を探検する。（　　）
⑥ 夏の星座。（　　）
⑦ 座席に着く。（　　）

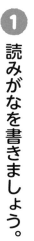

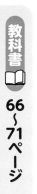

うらのページに続くよ！

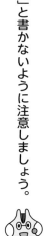

2 あてはまる漢字を書きましょう。

72点（一つ9）

① 選手が勝利を［せんげん］する。

② 新しいお店の［せんでん］をする。

③ ［ひぐ］れが近づいたので、急いで家に帰る。

④ 自然が豊かな場所で［く］らしたい。

⑤ この船には、魚群［たんち］器が付いている。

⑥ 転勤が決まったおじさんは、家を［さが］している。

⑦ 電車で［ざせき］をゆずる。

⑧ ［ざだんかい］にまねかれる。

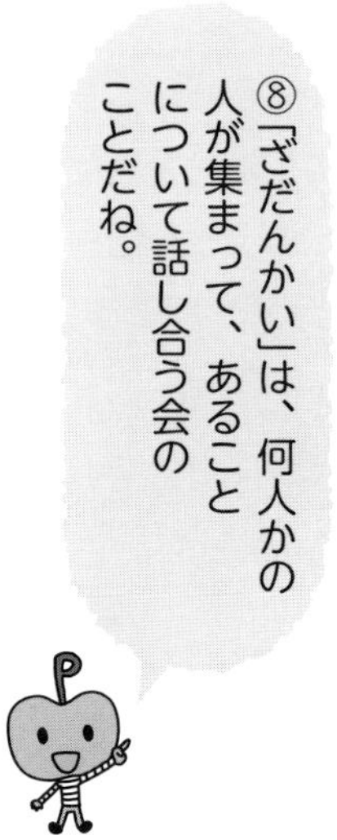

⑧「ざだんかい」は、何人かの人が集まって、あることについて話し合う会のことだね。

ヒント ２ ⑤「たん」、⑥「さがす」は、形の似ている「深」と書かないように注意しましょう。

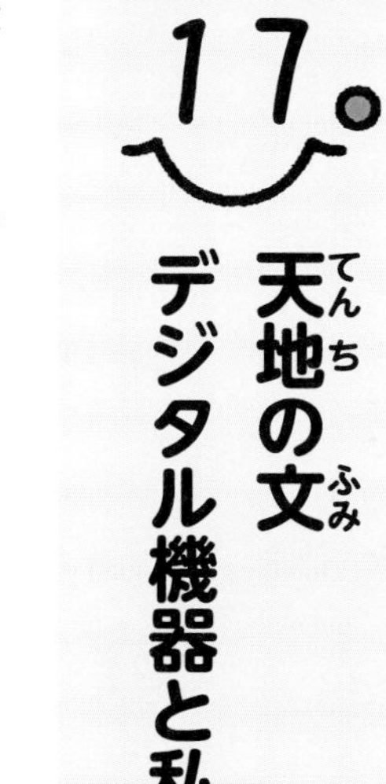
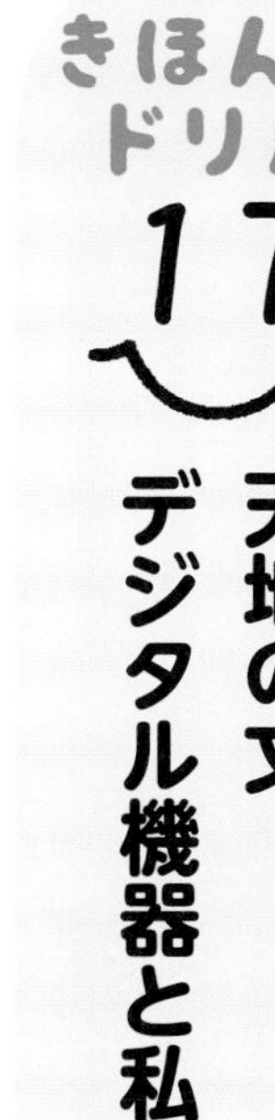

きほんのドリル 17。 天地(てんち)の文(ふみ) デジタル機器と私たち

時間 15分　合格80点　／100

サクッとこたえあわせ　答え 100ページ

月　日

書いて覚えよう！

幼（教73ページ）　ヨウ　おさない　5画
はねる
部首：幼（いとがしら）
書き順：幼幼幼幼幼
幼虫(ようちゅう)　幼児(ようじ)　幼少(ようしょう)　幼(おさな)い子(こ)

著（教77ページ）　チョ　11画
つける
部首：著（くさかんむり）
書き順：著著著著著著著著著著著
著作権(ちょさくけん)　著者(ちょしゃ)　著名(ちょめい)　著述(ちょじゅつ)

権（教77ページ）　ケン　15画
長く
部首：権（きへん）
書き順：権権権権権権権権権権権権権権権
著作権(ちょさくけん)　権利(けんり)　権力(けんりょく)　人権(じんけん)

尊（教77ページ）　ソン　たっとい　とうとい　たっとぶ　とうとぶ　12画
この形に注意
部首：尊（すん）
書き順：尊尊尊尊尊尊尊尊尊尊尊尊
尊敬語(そんけいご)　親(おや)を尊(たっと／とうと)ぶ　尊(とうと／たっと)い命

庁（教80ページ）　チョウ　5画
はねる
部首：庁（まだれ）
書き順：庁庁庁庁庁
県庁(けんちょう)　市庁舎(しちょうしゃ)　登庁(とうちょう)　気象庁(きしょうちょう)

1 読みがなを書きましょう。　28点（一つ4）

① 幼（　　）い弟。
② カブトムシの幼虫（　　）。
③ 著作権（　　）をもつ作家。
④ 人権（　　）について学ぶ。
⑤ 意見を尊重（　　）する。
⑥ 尊（　　）い教え。
⑦ 県庁（　　）に行く。

うらのページに続くよ！

2 あてはまる漢字を書きましょう。

72点（一つ9）

① □（おさな）いころから、運動が大好きだ。

② 三人の□□（ようじ）たちが公園で遊んでいる。

③ 小説の□□（ちょしゃ）にサインしてもらう。

④ □□（ちょめい）な画家に会えて、感激する。

⑤ 憲（けん）法には、国民の□□（けんり）について記されている。

⑥ □（そん）敬（けい）する人物のことを、作文に書く。

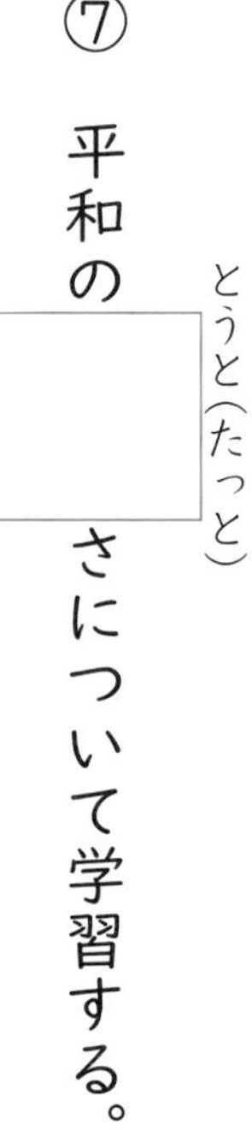

⑦ 平和の□（とうと（たっと））さについて学習する。

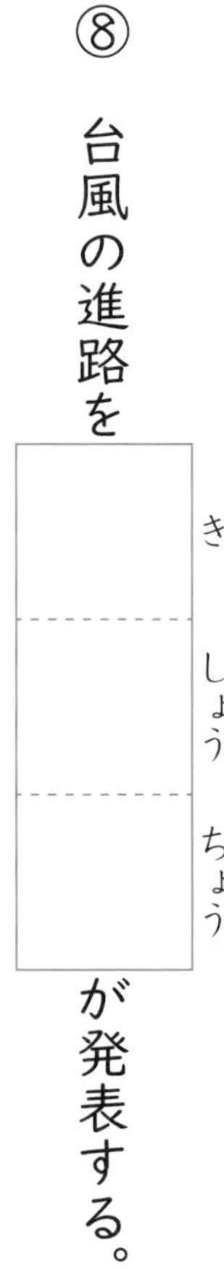

⑧ 台風の進路を□□□（きしょうちょう）が発表する。

ヒント

2 ⑥「そん」、⑦「とうとい（たっとい）」の八画目を忘（わす）れないように注意しましょう。

きほんのドリル 18。 私と本

書いて覚えよう！

教88ページ 冊 サツ 出る
5画 冊冊冊冊冊
一冊（いっさつ） 別冊（べっさつ） 冊数（さっすう） 冊子（さっし）
冊 どうがまえ けいがまえ
教88ページ 沿 エン そう はなす
8画 沿沿沿沿沿沿沿沿
沿岸（えんがん） 沿線（えんせん） 川沿（かわぞ）いの道（みち）
沿 さんずい
教87ページ 届 とどける とどく 出る
8画 届届届届届届届届
荷物（にもつ）を届（とど）ける 手紙（てがみ）が届（とど）く
届 かばね しかばね
教86ページ 装 ソウ 下を短く
12画 装装装装装装装装装装装装
装置（そうち） 装備（そうび） 服装（ふくそう） 仮装（かそう）
装 ころも

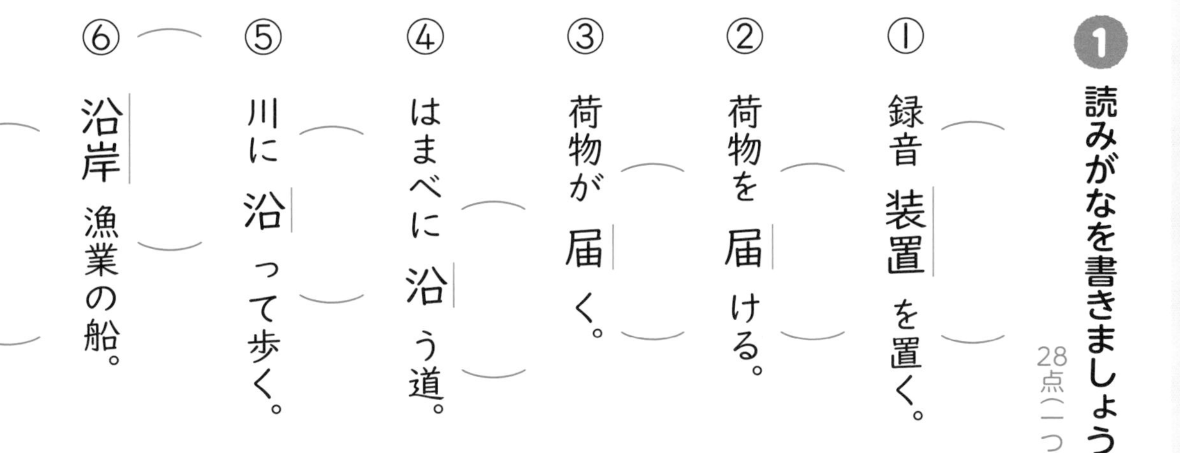

1 読みがなを書きましょう。 28点（一つ4）

① 録音 装置 を置く。

② 荷物を 届 ける。

③ 荷物が 届 く。

④ はまべに 沿 う道。

⑤ 川に 沿 って歩く。

⑥ 沿岸 漁業の船。

⑦ 本を 三冊 借りる。

うらのページに続くよ！

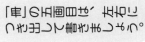

2 あてはまる漢字を書きましょう。

72点（一つ9）

① 写真をとるので［ふくそう］を整える。

② 完全［そうび］で山に登る。

③ 休んでいる友達に、プリントを［とど］ける。

④ 海外旅行中の祖母から手紙が［とど］く。

⑤ 朝早く川［ぞ］いの道を歩く。

⑥ 鉄道の［えんせん］に住宅（たく）が多く建っている。

⑦ 家にある本の［さっすう］をかぞえる。

⑧ ［べっさつ］の解答集を見て、答え合わせをする。

漢字は声に出しながら書いてみるといいよ。

ヒント 2 ⑤「そう」、⑥「えん」の四画目と五画目の「八」を、「人」と書かないように注意しましょう。 

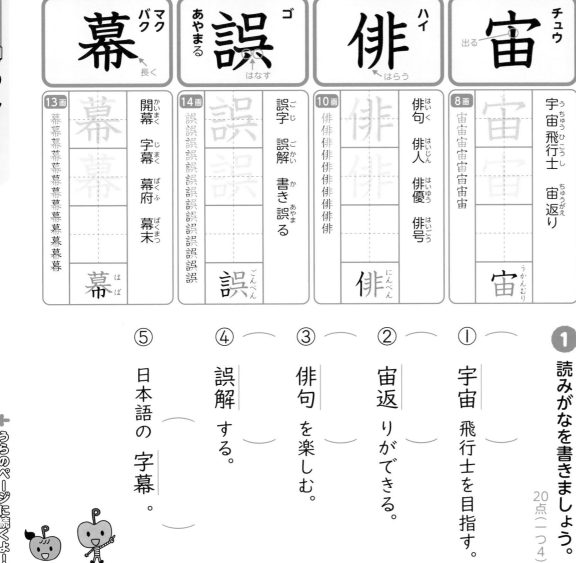

きほんのドリル 19。 星空を届けたい (1)

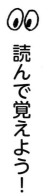

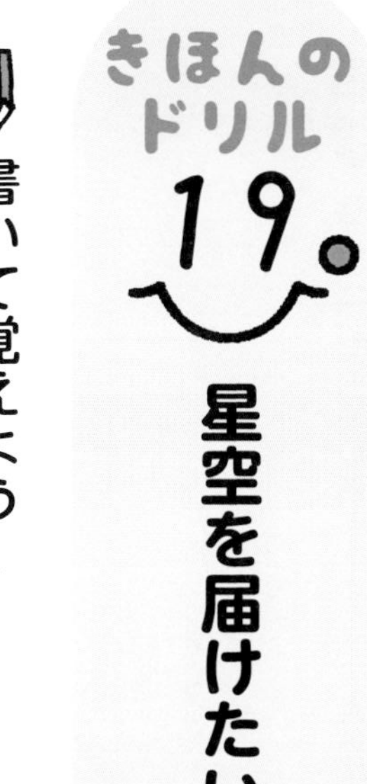

時間15分　合格80点　/100

答え100ページ

月　日

書いて覚えよう！

教 89ページ　**宇**　ウ　（長く）
6画　宇宇宇宇宇宇
宇宙飛行士（うちゅうひこうし）　宇宙船（うちゅうせん）
宇（うかんむり）

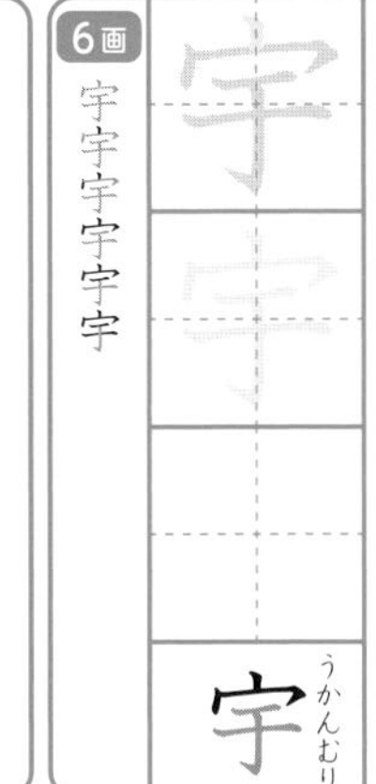
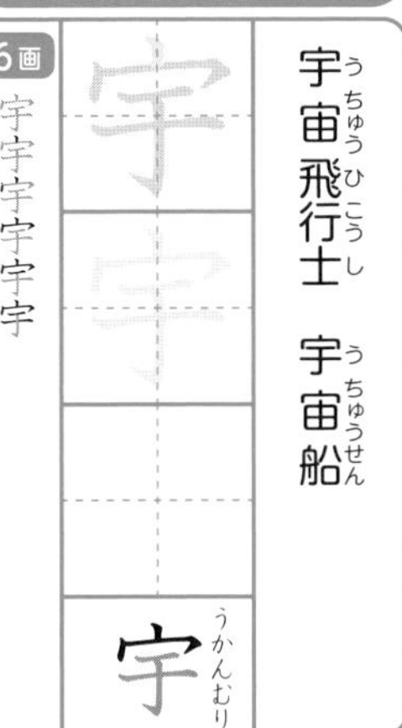

教 89ページ　**宙**　チュウ　（出る）
8画　宙宙宙宙宙宙宙宙
宇宙飛行士（うちゅうひこうし）　宙返り（ちゅうがえり）
宙（うかんむり）

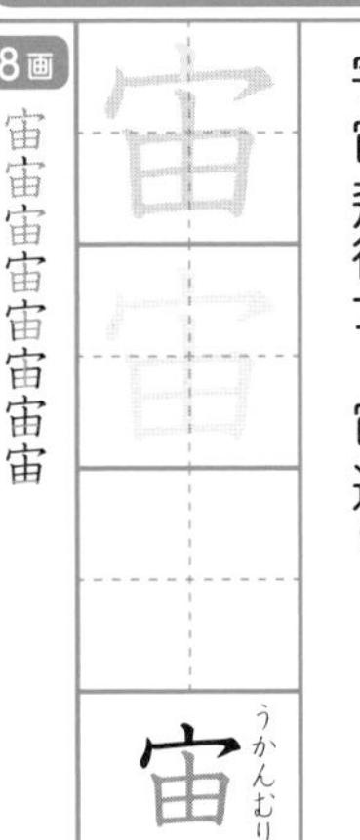
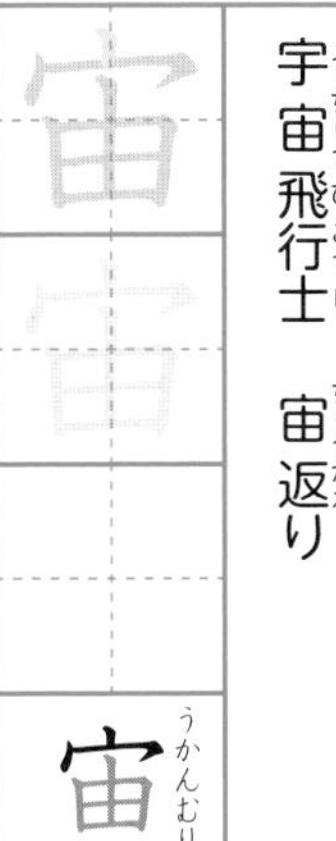
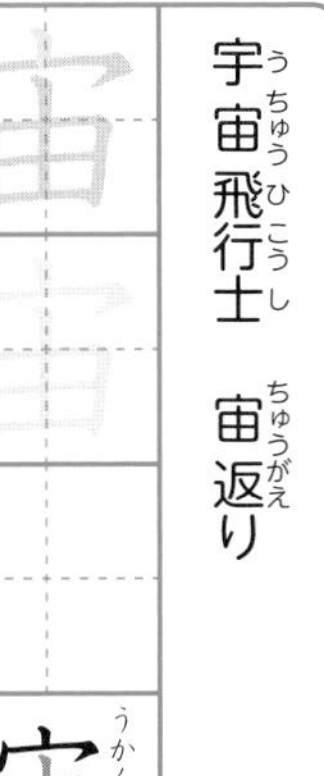

教 90ページ　**俳**　ハイ　（はらう）
10画　俳俳俳俳俳俳俳俳俳俳
俳句（はいく）　俳人（はいじん）　俳優（はいゆう）　俳号（はいごう）
俳（にんべん）

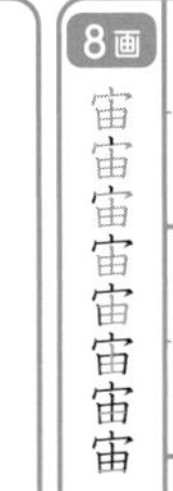

教 91ページ　**誤**　ゴ　あやまる　（はなす）
14画　誤誤誤誤誤誤誤誤誤誤誤誤誤誤
誤字（ごじ）　誤解（ごかい）　書き誤る（かきあやまる）
誤（ごんべん）

教 95ページ　**幕**　マク　バク　（長く）
13画　幕幕幕幕幕幕幕幕幕幕幕幕幕
開幕（かいまく）　字幕（じまく）　幕府（ばくふ）　幕末（ばくまつ）
幕（はば）

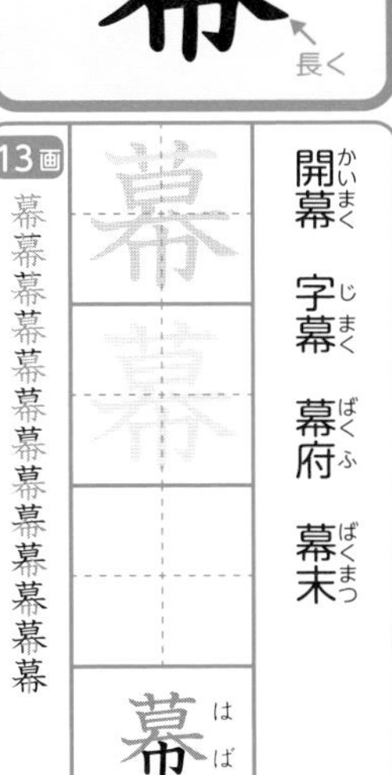

読んで覚えよう！

●…読み方が新しい漢字

教 90ページ　**男**　ダン　ナン　おとこ

1 読みがなを書きましょう。 20点（一つ4）

① 宇宙（　　）飛行士を目指す。

② 宙返（　　）りができる。

③ 俳句（　　）を楽しむ。

④ 誤解（　　）する。

⑤ 日本語の字幕（　　）。

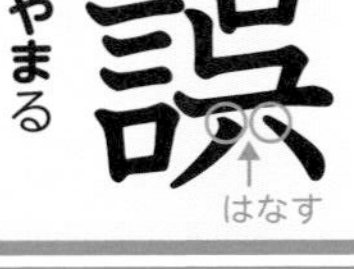

← うらのページに続くよ！

教科書 89〜97ページ

❷ あてはまる漢字を書きましょう。

80点（一つ10）

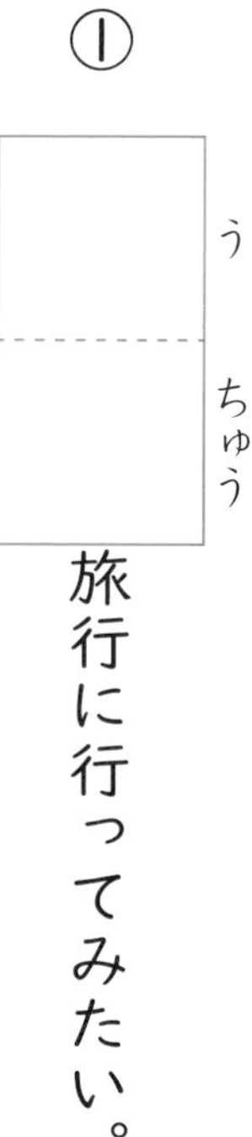
① □□（うちゅう）旅行に行ってみたい。

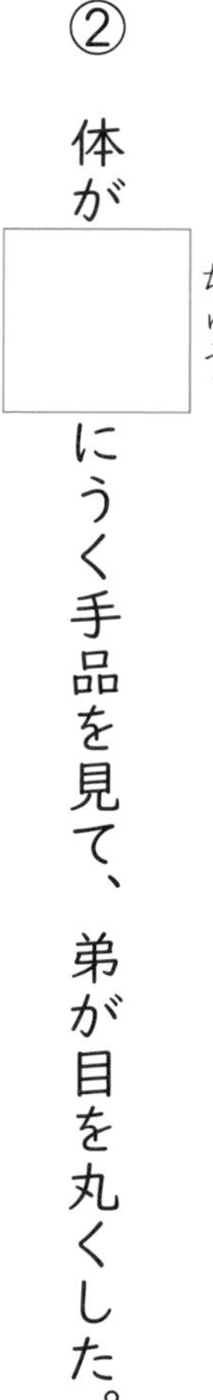
② 体が□（ちゅう）にうく手品を見て、弟が目を丸くした。

③ 好きな□（はい）優（ゆう）が出演している映画を見る。

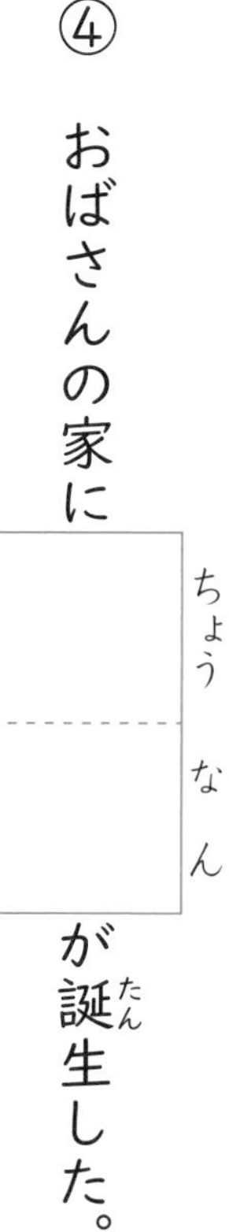
④ おばさんの家に□□（ちょうなん）が誕（たん）生した。

⑤ □□（ごかい）を招くような行動はしない。

⑥ 駅に向かう道を□（あやま）り、遠回りしてしまった。

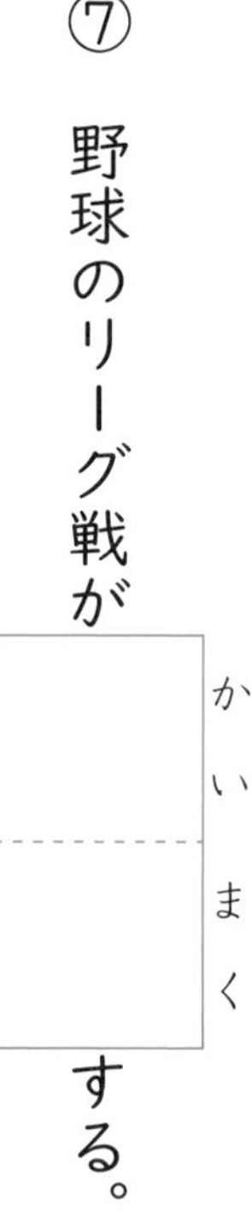
⑦ 野球のリーグ戦が□□（かいまく）する。

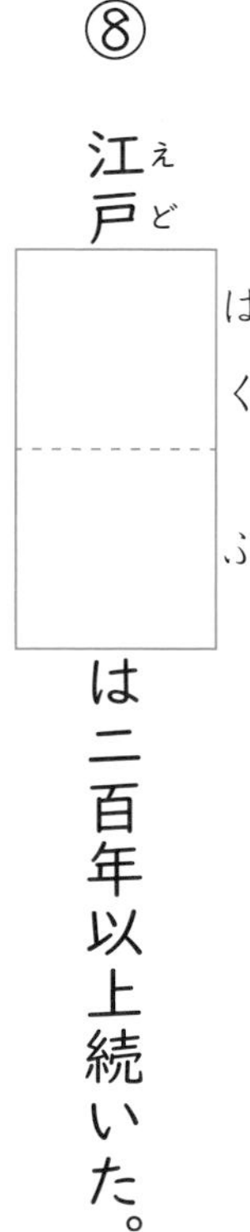
⑧ 江戸（えど）□□（ばくふ）は二百年以上続いた。

ヒント ❷ ⑤「ご」、⑥「あやまる」の十一画目は、一筆で書きましょう。

きほんのドリル 20。 星空を届けたい (2)

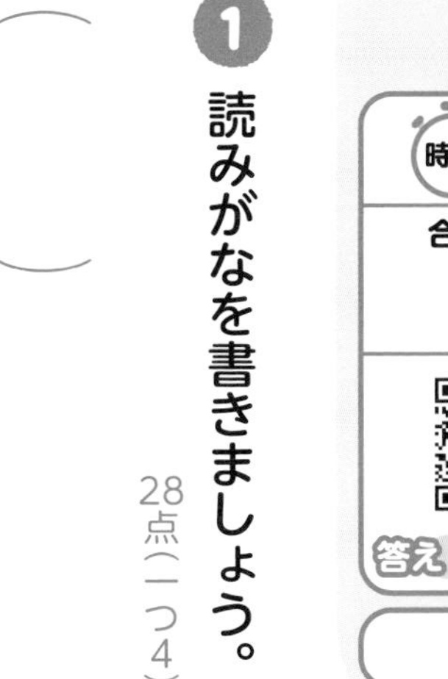

書いて覚えよう！

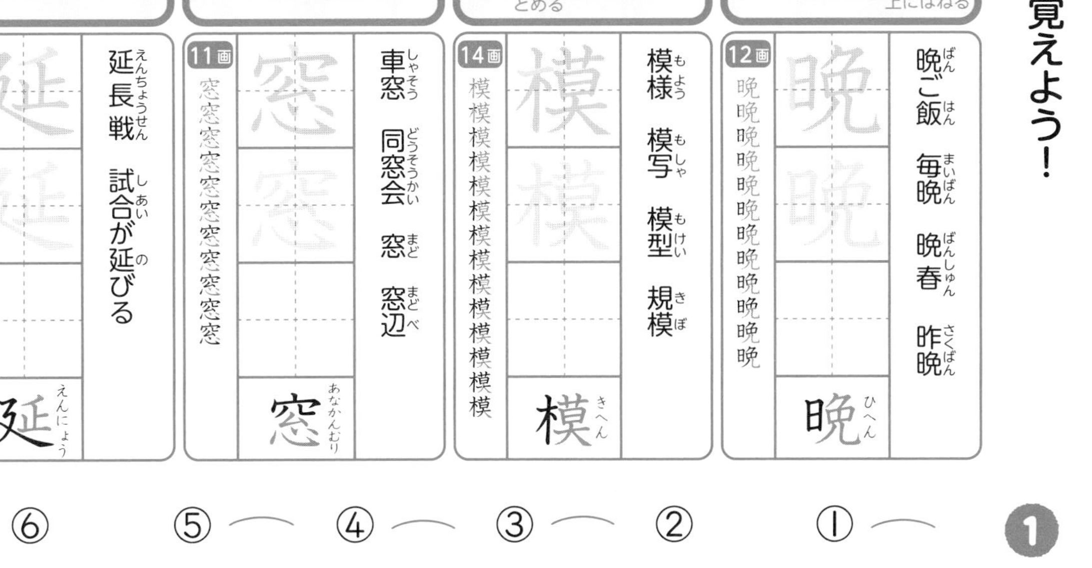

教 95ページ
晩 バン（上にはねる）
12画 晩晩晩晩晩晩晩晩晩晩晩晩
晩（ひへん）
晩ご飯（ばんごはん）　毎晩（まいばん）　晩春（ばんしゅん）　昨晩（さくばん）

教 96ページ
模 モ ボ（とめる）
14画 模模模模模模模模模模模模模模
模（きへん）
模様（もよう）　模写（もしゃ）　模型（もけい）　規模（きぼ）

教 97ページ
窓 ソウ まど（つける）
11画 窓窓窓窓窓窓窓窓窓窓窓
窓（あなかんむり）
車窓（しゃそう）　同窓会（どうそうかい）　窓（まど）　窓辺（まどべ）

教 97ページ
延 エン のびる のべる のばす（出る）
8画 延延延延延延延延
延（えんにょう）
延長戦（えんちょうせん）　試合が延びる（しあいがのびる）

教 97ページ
論 ロン（はねる）
15画 論論論論論論論論論論論論論論論
論（ごんべん）
討論会（とうろんかい）　議論（ぎろん）　序論（じょろん）　結論（けつろん）

1 読みがなを書きましょう。 28点（一つ4）

① 晩（　　）ご飯を食べる。

② 飛行機の 模型（　　）。

③ 規模（　　）が小さい。

④ 窓（　　）を開ける。

⑤ 同窓会（　　）に行く。

⑥ 出発を 延（　　）ばす。

⑦ 結論（　　）を出す。

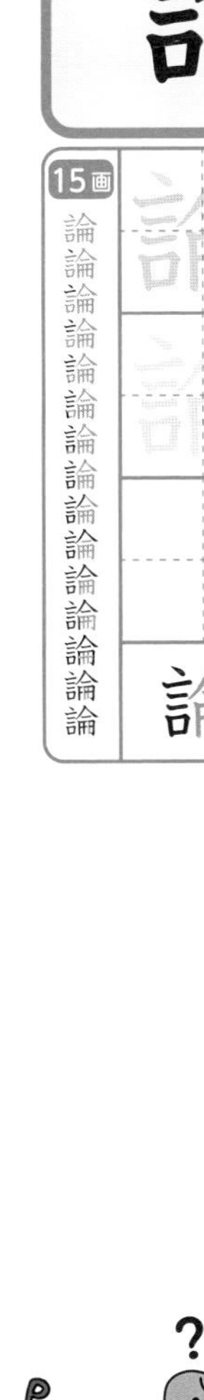

← うらのページに続くよ！

2 あてはまる漢字を書きましょう。

72点（一つ9）

①（まいばん）□□、母と公園でランニングをしている。

②水玉（もよう）□□のかさは、姉のお気に入りだ。

③近所のスーパーは、店の（きぼ）□□を大きくするそうだ。

④銀行の（まどぐち）□□で手続きを済（す）ます。

⑤バスの（しゃそう）□□から見える景色を楽しむ。

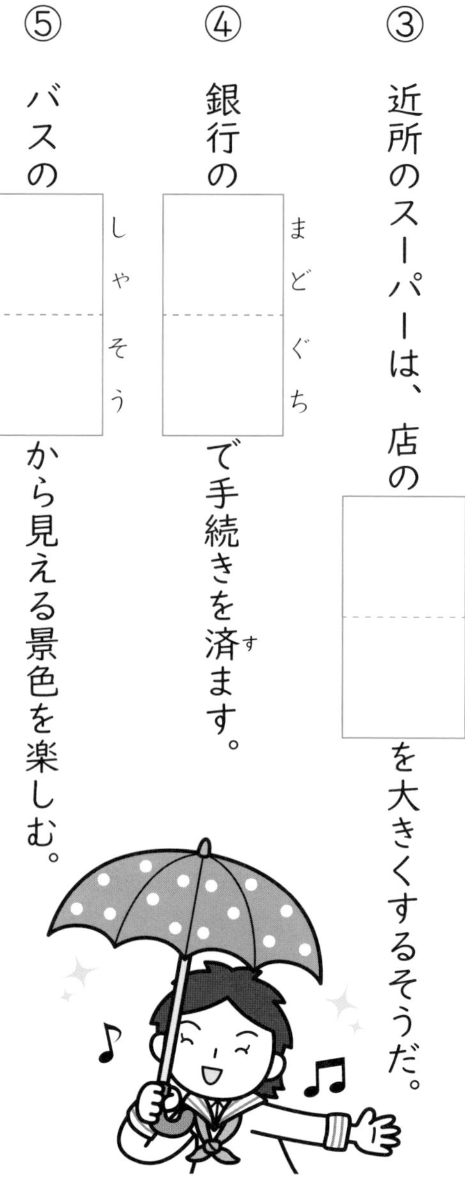

⑥両チームが得点を重ね、試合時間が（の）□びた。

⑦雨で、遠足は（えんき）□□になった。

⑧予定の時間を過ぎても（ぎろん）□□は続いた。

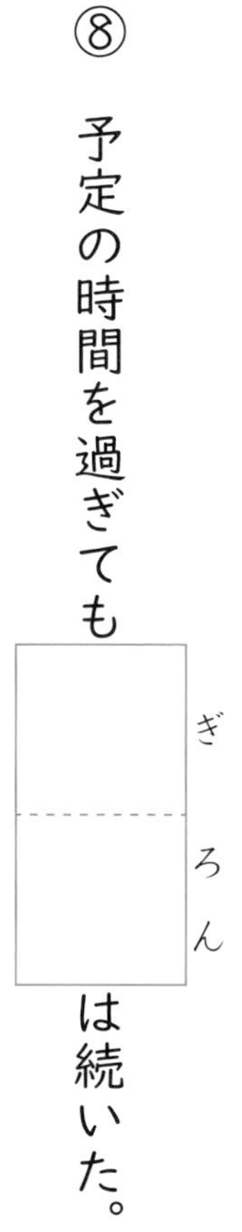

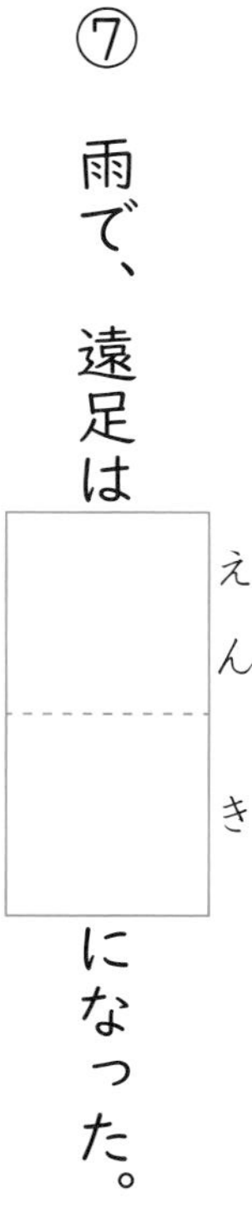

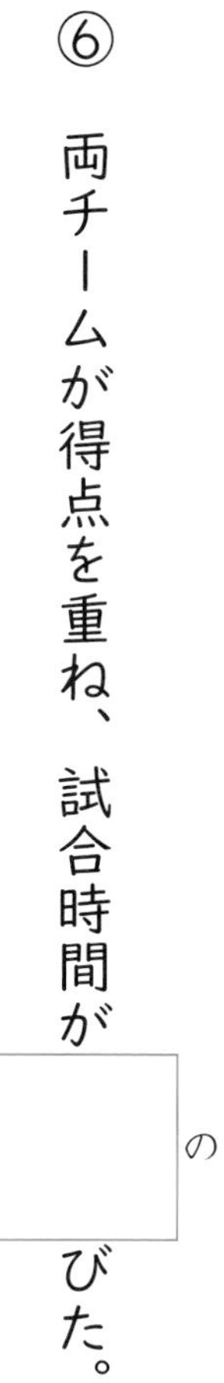

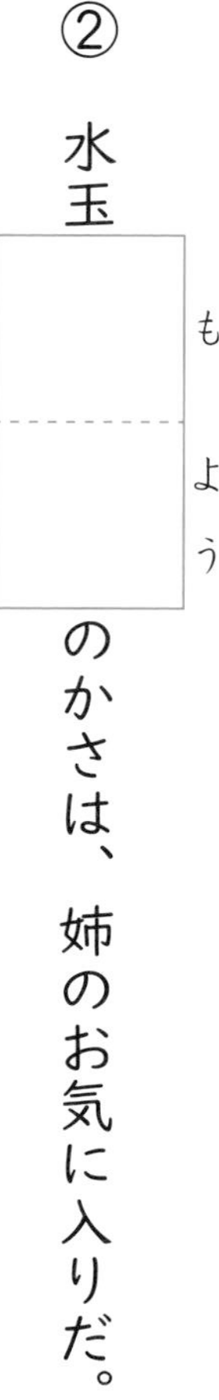

ヒント 2 ⑥「のびる」、⑦「えん」の「正」を「正」と書かないように注意しましょう。

夏休みのホームテスト 21。

四月から七月に習った漢字と言葉

時間 20分　合格80点　／100

答え 101ページ　サクッとこたえあわせ

月　日

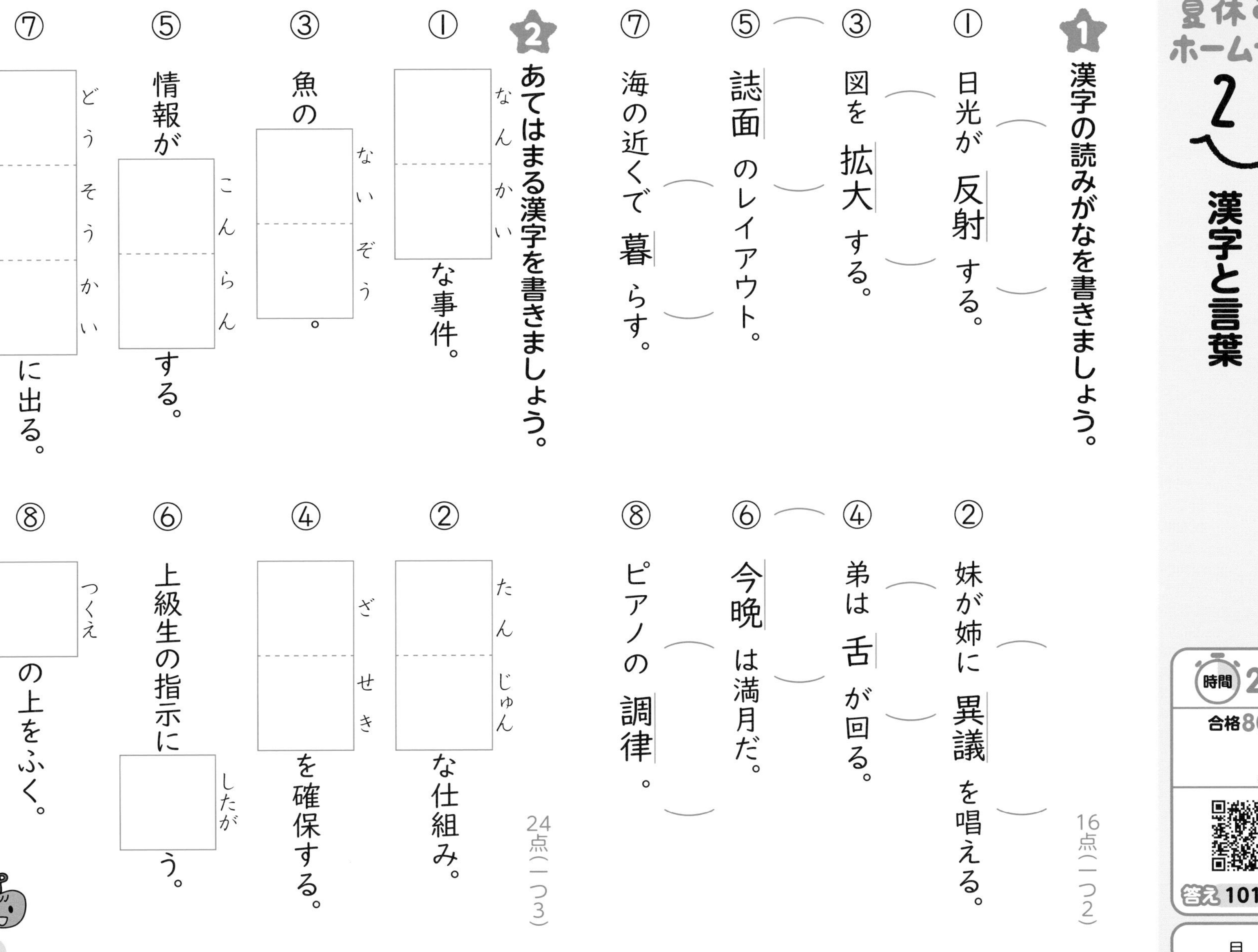

1 漢字の読みがなを書きましょう。 16点(一つ2)

① 日光が 反射（　　） する。

② 妹が姉に 異議（　　） を唱える。

③ 図を 拡大（　　） する。

④ 弟は 舌（　　） が回る。

⑤ 誌面（　　） のレイアウト。

⑥ 今晩（　　） は満月だ。

⑦ 海の近くで 暮（　　） らす。

⑧ ピアノの 調律（　　）。

2 あてはまる漢字を書きましょう。 24点(一つ3)

① （なんかい）な事件。

② （たんじゅん）な仕組み。

③ 魚の（ないぞう）。

④ （ざせき）を確保する。

⑤ 情報が（こんらん）する。

⑥ 上級生の指示に（したが）う。

⑦ （どうそうかい）に出る。

⑧ （つくえ）の上をふく。

うらのページに続くよ！

3 次の漢字の▮には同じ部首が入ります。その部首を□に書き、部首名をあとから選んで（　）に記号で書きましょう。 24点（一つ3）

① ▮先　▮㕣　▮敫　▮𠂢　▮夜　□（　）

② ▮忍　▮方　▮者　▮侖　▮呉　□（　）

③ ▮亘　▮(必山)　▮奇　▮于　▮由　□（　）

④ ▮市　▮复　▮凶　▮昜　▮蔵　□（　）

ア　うかんむり　イ　にくづき　ウ　さんずい　エ　ごんべん

4 次の□に共通してあてはまる漢字を書きましょう。 24点（一つ3）

① □画・□像・上□　□

② □発・□気・□留　□

③ □任・□職・□業　□

④ □給・提□・自□　□

⑤ 保□・□続・生□　□

⑥ □備・□置・服□　□

⑦ 地□・海□・区□　□

⑧ □差・□落・□階　□

5 次の上と下の——線の熟語（じゅく）は同じ読み方をします。□に入る漢字を書きましょう。 12点（一つ3）

① 完結―□潔な文章　□

② 支店―□点の変化　□

③ 点字―□示品　□

④ 村長―人命の□重　□

名づけられた葉
インターネットでニュースを読もう（1）

書いて覚えよう！

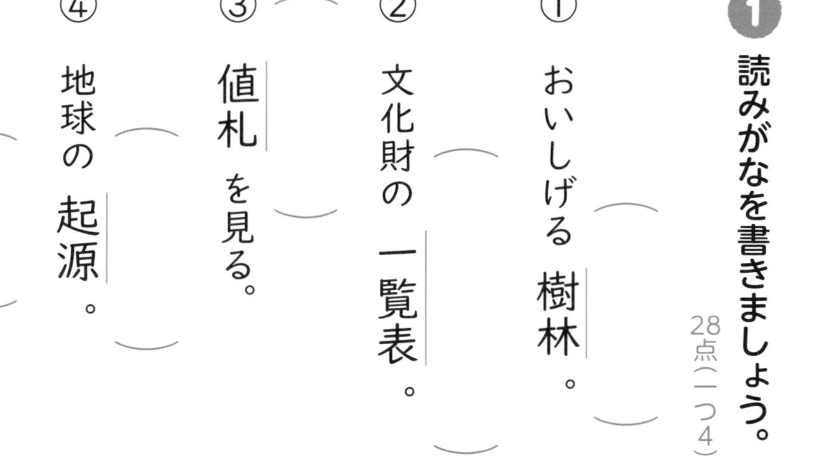

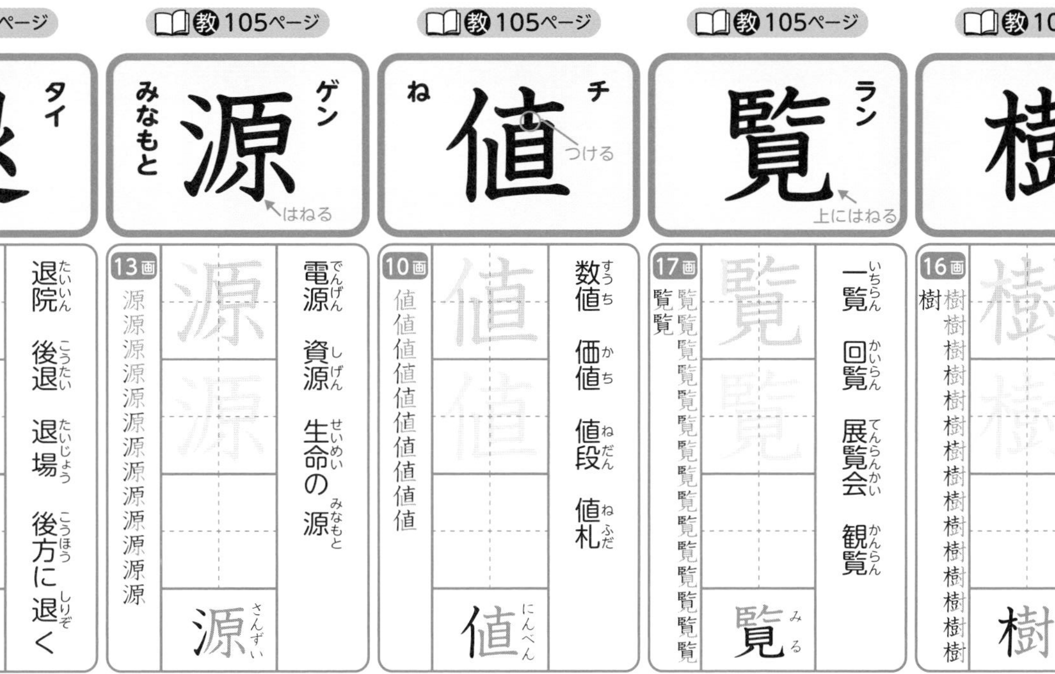

樹	ジュ	16画	教100ページ	樹林（じゅりん）　樹木（じゅもく）　樹液（じゅえき）　果樹園（かじゅえん）
覧	ラン	17画	教105ページ	一覧（いちらん）　回覧（かいらん）　展覧会（てんらんかい）　観覧（かんらん）
値	ね・チ	10画	教105ページ	数値（すうち）　価値（かち）　値段（ねだん）　値札（ねふだ）
源	みなもと・ゲン	13画	教105ページ	電源（でんげん）　資源（しげん）　生命の源（せいめいのみなもと）
退	しりぞく・しりぞける・タイ	9画	教105ページ	退院（たいいん）　後退（こうたい）　退場（たいじょう）　後方に退く（こうほうにしりぞく）

樹：はねる　きへん
覧：上にはねる　みる
値：つける　にんべん
源：はねる　さんずい
退：おれてはねる　しんにょう　しんにゅう

1 読みがなを書きましょう。　28点（一つ4）

① おいしげる 樹林。（　　）

② 文化財の 一覧表。（　　）

③ 値札 を見る。（　　）

④ 地球の 起源。（　　）

⑤ 人類の 源 をたどる。（　　）

⑥ 一回戦で 敗退 する。（　　）

⑦ 一歩 退 く。（　　）

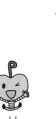

← うらのページに続くよ！

2 あてはまる漢字を書きましょう。

72点（一つ9）

① 数ひきのカブトムシが、［じゅえき］に群がる。

② ［てんらんかい］に妹の作品が並べられた。

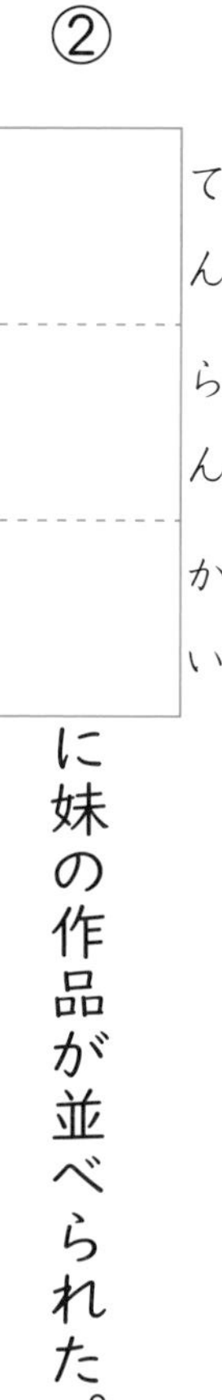

③ バザーに出す商品の［ねだん］を決める。

④ 店にあるつぼの［かち］を知り、おどろいた。

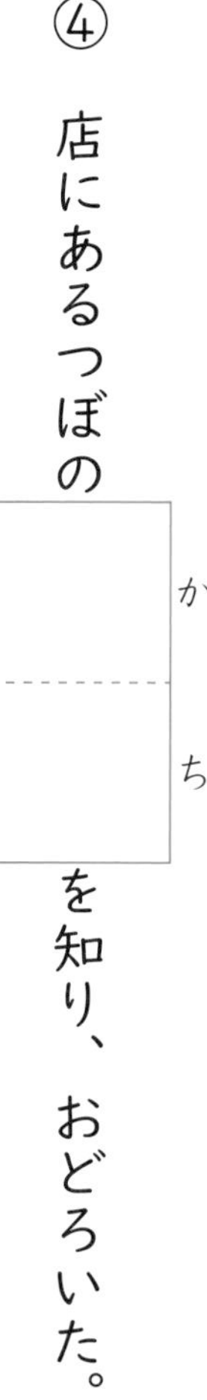

⑤ 限りある［しげん］を大切に使う。

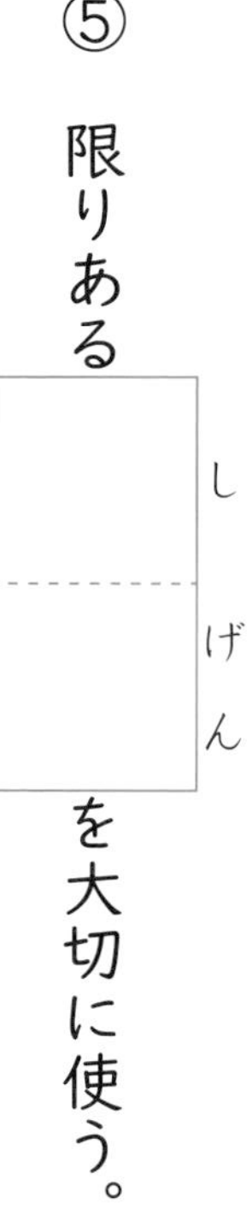

⑥ 博士は生命の［みなもと］について研究している。

⑦ ぶたいの上から、児童が［たいじょう］する。

⑧ 母は、弟の要求を［しりぞ］けた。

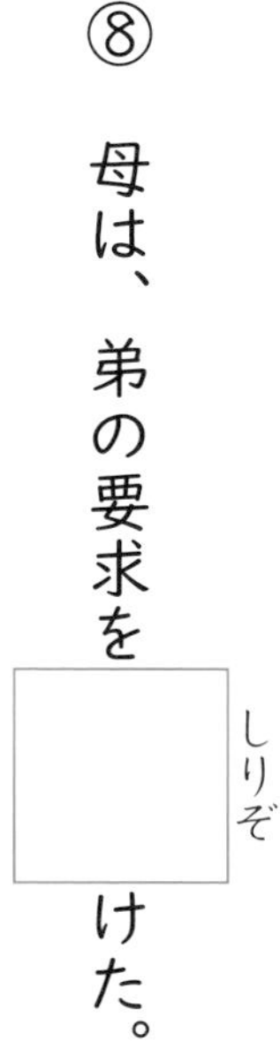

ヒント ❷ ⑦「たい」、⑧「しりぞける」の四画目は、折れてはねることに注意しましょう。

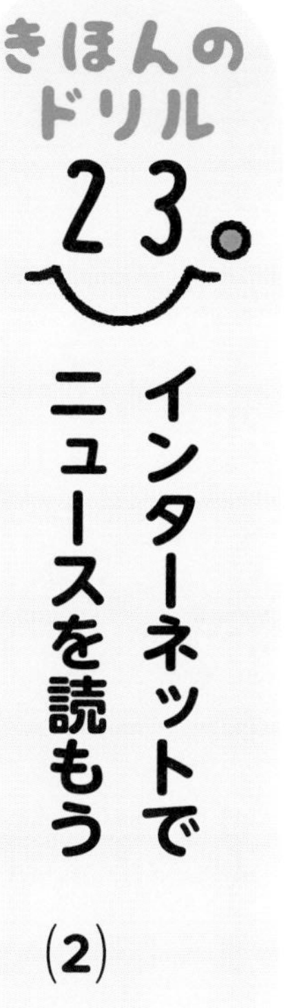

きほんのドリル 23。 インターネットでニュースを読もう (2)

時間 15分　合格80点　/100

答え 101ページ

月　日

書いて覚えよう！

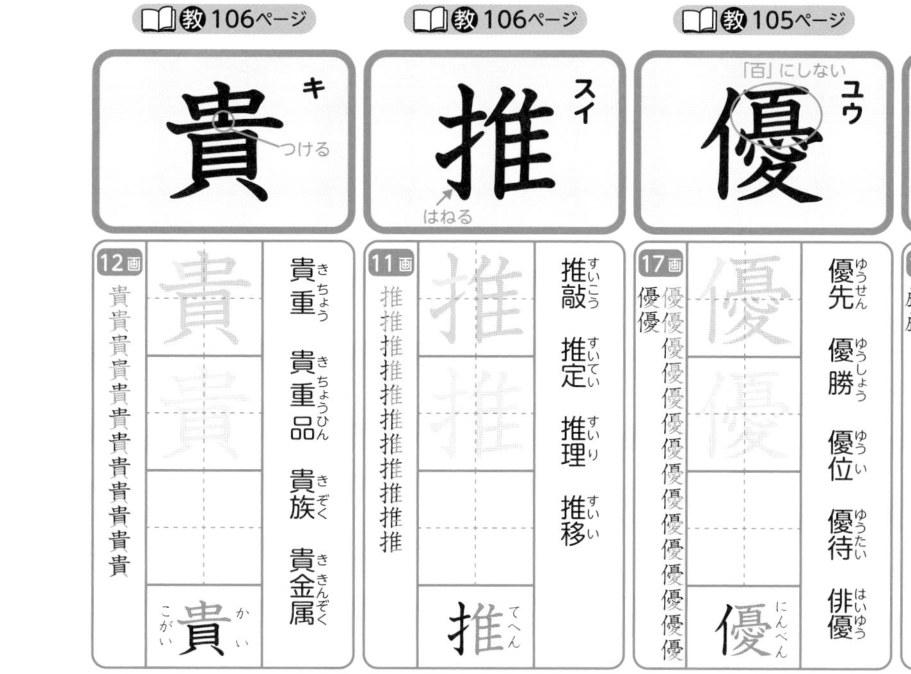

厳	ゲン・きびしい	17画	厳厳厳厳厳厳厳厳厳厳厳厳厳厳厳厳厳	厳守（げんしゅ）　厳重（げんじゅう）　厳しい自然（きびしいしぜん）	教105ページ
優	ユウ	17画	優優優優優優優優優優優優優優優優優	優先（ゆうせん）　優勝（ゆうしょう）　優位（ゆうい）　優待（ゆうたい）　俳優（はいゆう）	教105ページ
推	スイ	11画	推推推推推推推推推推推	推敲（すいこう）　推定（すいてい）　推理（すいり）　推移（すいい）	教106ページ
貴	キ	12画	貴貴貴貴貴貴貴貴貴貴貴貴	貴重（きちょう）　貴重品（きちょうひん）　貴族（きぞく）　貴金属（ききんぞく）	教106ページ

厳：出ない　つかんむり
優：「百」にしない　にんべん
推：はねる　てへん
貴：つける　こがい　かい

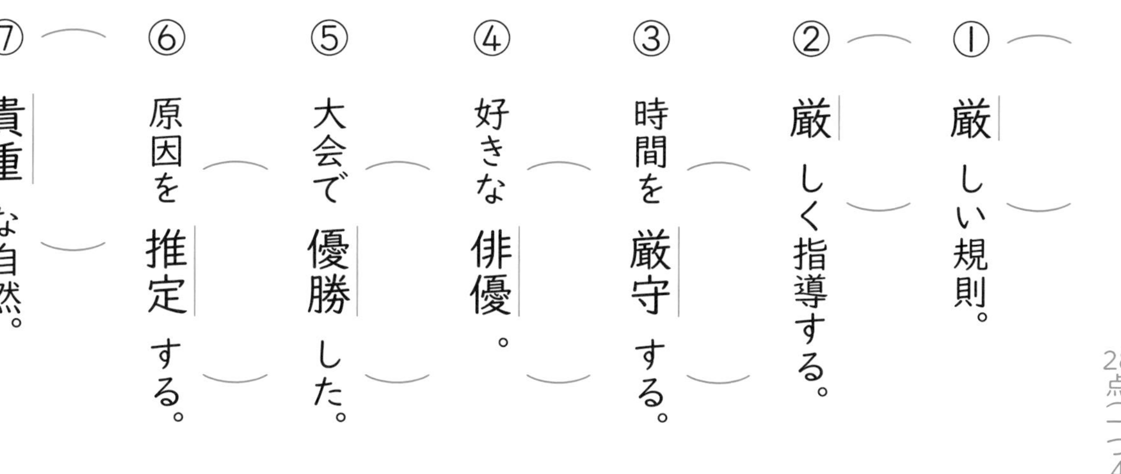

1 読みがなを書きましょう。 28点（一つ4）

① 厳しい規則。（　）

② 厳しく指導する。（　）

③ 時間を厳守する。（　）

④ 好きな俳優。（　）

⑤ 大会で優勝した。（　）

⑥ 原因を推定する。（　）

⑦ 貴重な自然。（　）

教科書 104～107ページ

← うらのページに続くよ！

❷ あてはまる漢字を書きましょう。

72点（一つ9）

① 今年は［　］（きび）しい暑さが続いている。

② 美術館の絵画が［　　］（げんじゅう）に警備されている。

③ 最後の地区予選で、初めて［　　］（ゆうしょう）した。

④ 老人や子どもを［　　］（ゆうせん）して入場させる。

⑤ 図書館で［　　］（すいり）小説を借りる。

⑥ 市の人口の［　　］（すいい）をグラフで表す。

⑦ 受け付けに［　　　］（きちょうひん）を預（あず）ける。

⑧ 祖母から［　　　］（ききんぞく）をゆずり受ける。

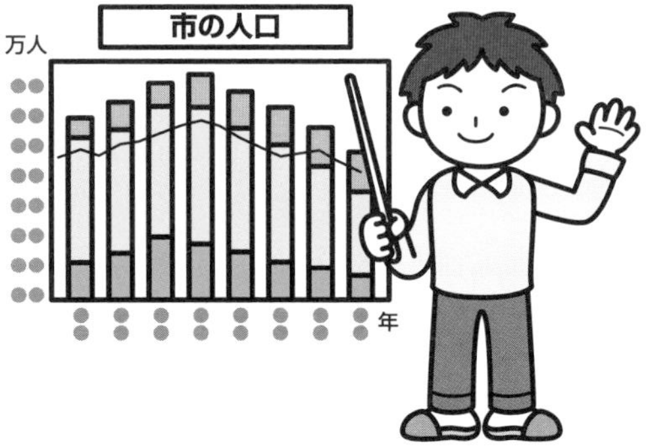

ヒント ❷⑦・⑧「き」の一〜五画の形に注意しましょう。「ヰ」ではなく「中」です。

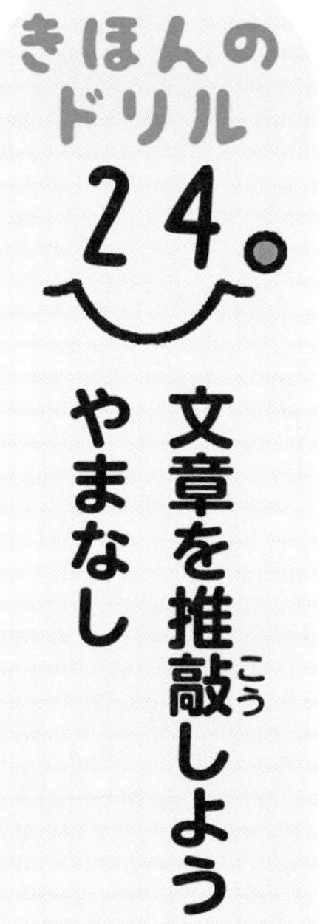

きほんのドリル 24。 文章を推敲しよう やまなし

書いて覚えよう！

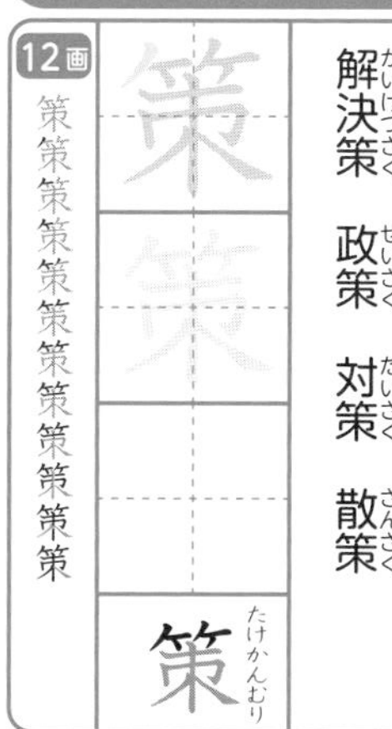

教109ページ

策（サク）　・とめる

12画　策策策策策策策策策策策策

解決策（かいけつさく）　政策（せいさく）　対策（たいさく）　散策（さんさく）

策（たけかんむり）

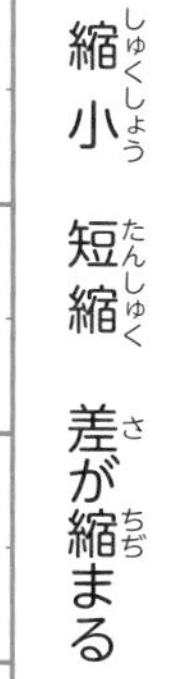

教114ページ

縮（シュク）　ちぢむ　ちぢめる　ちぢらす　ちぢまる　ちぢれる　・とめる

17画　縮縮縮縮縮縮縮縮縮縮縮縮縮縮縮縮縮

縮小（しゅくしょう）　短縮（たんしゅく）　差が縮まる（さがちぢまる）

縮（いとへん）

教114ページ

棒（ボウ）　上より長く

12画　棒棒棒棒棒棒棒棒棒棒棒棒

棒立ちになる（ぼうだちになる）　鉄棒（てつぼう）　綿棒（めんぼう）

棒（きへん）

教122ページ

熟（ジュク）　上にはねる

15画　熟熟熟熟熟熟熟熟熟熟熟熟熟熟熟

熟語（じゅくご）　熟す（じゅくす）　熟読（じゅくどく）　未熟（みじゅく）

熟（れんが・れっか）

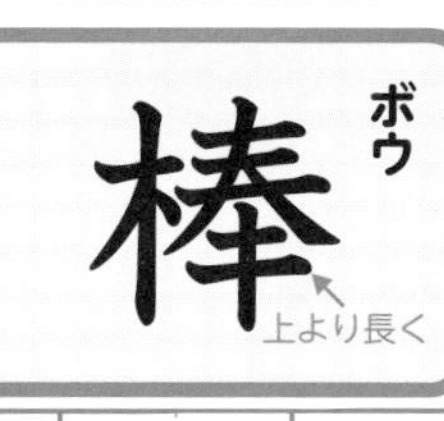

1 読みがなを書きましょう。　28点（一つ4）

①（　　）解決策を考える。

②（　　）対策を立てる。

③ セーターが（　　）縮む。

④ 差が（　　）縮まる。

⑤ 規模を（　　）縮小する。

⑥ まっすぐな（　　）棒。

⑦（　　）熟語の成り立ち。

← うらのページに続くよ！

2 あてはまる漢字を書きましょう。

72点（一つ9）

① 学校では節水の（たいさく）に取り組んでいる。

② 家族で川沿いを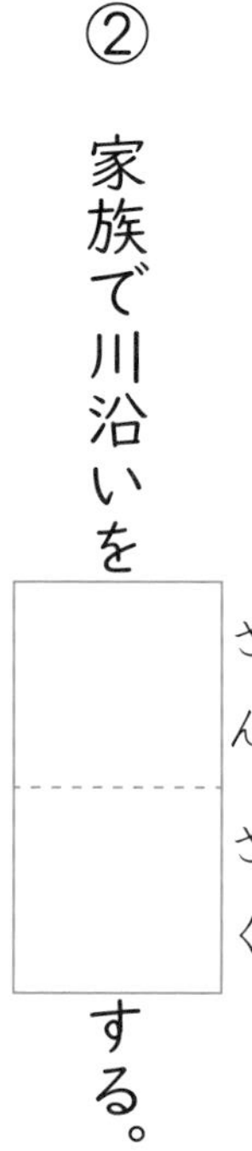（さんさく）する。

③ 洗たくしたら、服が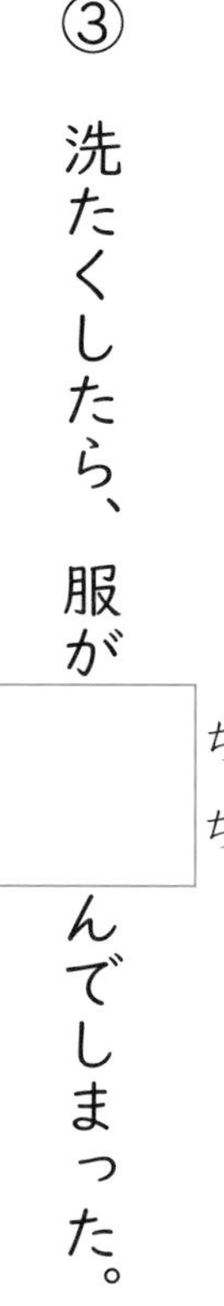（ちぢ）んでしまった。

④ 先頭のランナーとのきょりを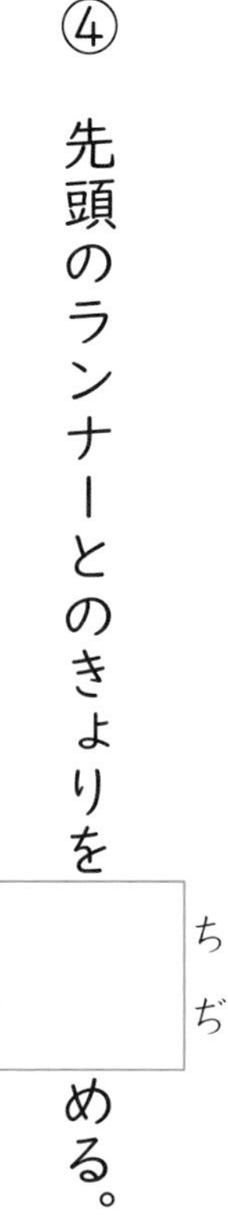（ちぢ）める。

⑤ 今週から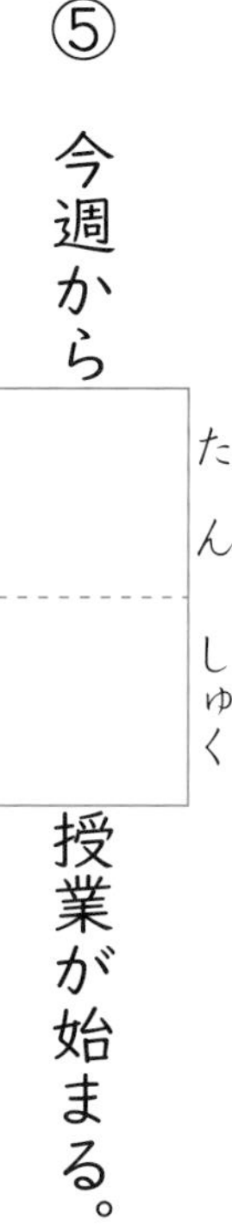（たんしゅく）授業が始まる。

⑥ 兄は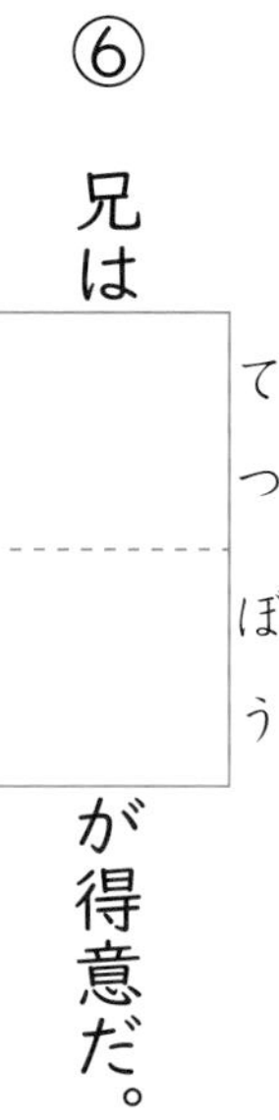（てつぼう）が得意だ。

⑦ 庭にあるかきの実が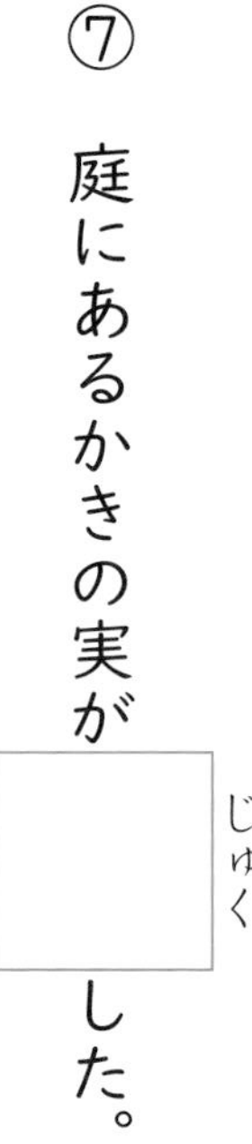（じゅく）した。

⑧ まだまだ職人としては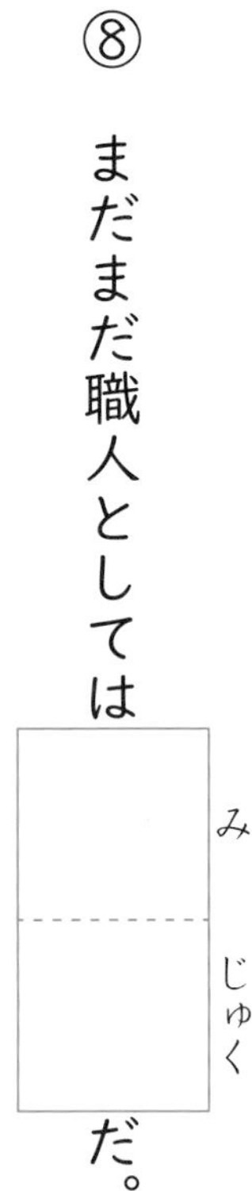（みじゅく）だ。

ヒント 2 ⑦・⑧「じゅく」を、形の似ている「熱」と書かないように注意しましょう。

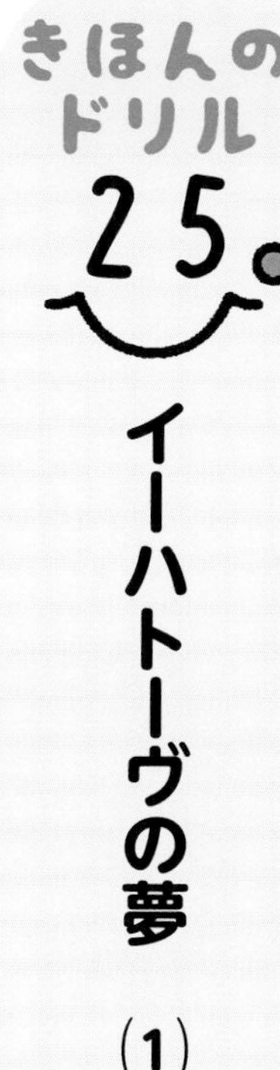
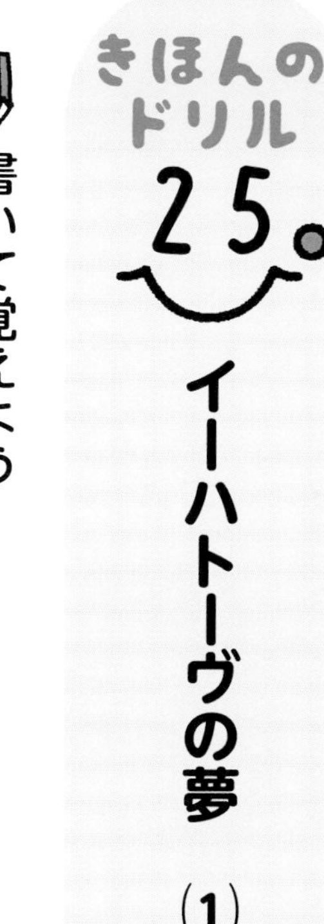

きほんのドリル 25。 イーハトーヴの夢（1）

時間15分　合格80点　／100

サクッとこたえあわせ　答え101ページ

月　日

教科書 123～134ページ

書いて覚えよう！

教 125ページ

尺（シャク）　はらう

4画　尺尺尺尺

曲尺（かねじゃく）　巻尺（まきじゃく）　尺八（しゃくはち）　縮尺（しゅくしゃく）

尺（しかばね・かばね）

教 125ページ

寸（スン）　はねる

3画　寸寸寸

寸法（すんぽう）　寸前（すんぜん）　原寸（げんすん）　寸劇（すんげき）

寸（すん）

教 126ページ

揮（キ）　長く

12画　揮揮揮揮揮揮揮揮揮揮揮揮

指揮者（しきしゃ）　指揮（しき）　発揮（はっき）　揮発（きはつ）

扌（てへん）

教 128ページ

痛（ツウ・いたい・いたむ・いためる）　はねる

12画　痛痛痛痛痛痛痛痛痛痛痛痛

頭痛（ずつう）　痛快（つうかい）　頭（あたま）が痛（いた）い

疒（やまいだれ）

教 128ページ

批（ヒ）　「比」にしない

7画　批批批批批批批

批評（ひひょう）　批判（ひはん）

扌（てへん）

1 読みがなを書きましょう。

28点（一つ4）

① 一尺（　　）の長さ。

② 寸法（　　）を測る。

③ 指揮者（　　）が登場する。

④ 実力を発揮（　　）する。

⑤ 痛切（　　）に身にしみる。

⑥ 足に痛（　　）みがある。

⑦ 批評（　　）記事を読む。

うらのページに続くよ！

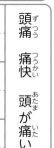

2 あてはまる漢字を書きましょう。

72点（一つ9）

① 地図の［しゅく しゃく］を確かめる。

② ［しゃく はち］のすばらしい演奏（そう）をきく。

③ ゴール［すん ぜん］で、先頭の走者をぬいた。

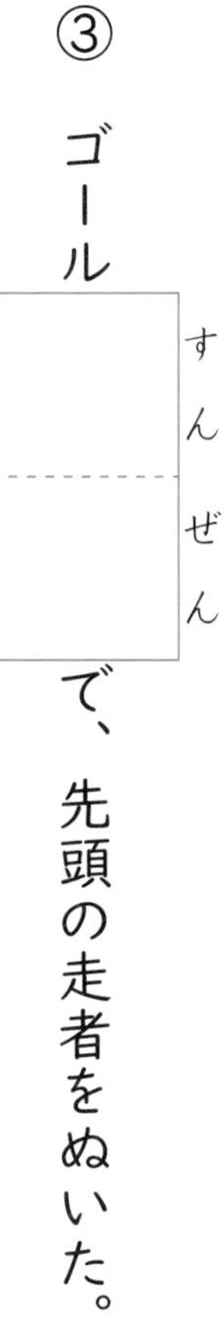

④ 今日の試合では、実力を［はっ き］できた。

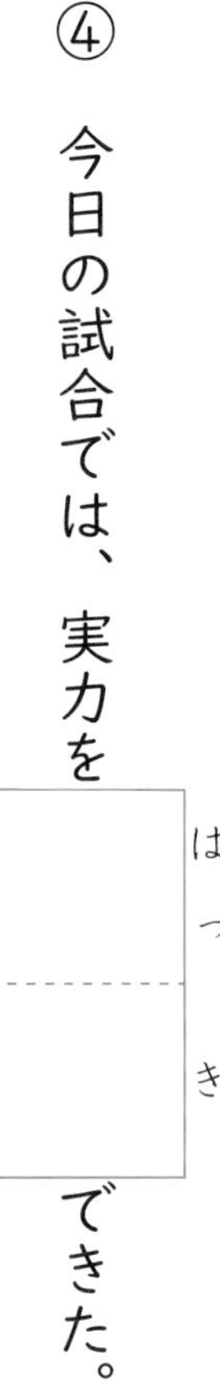

⑤ 先生が教室のそうじを［し き］する。

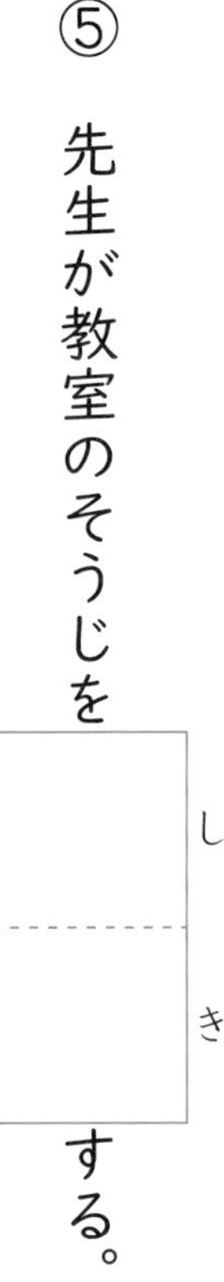

⑥ 弟に［いた］いところをつかれた。

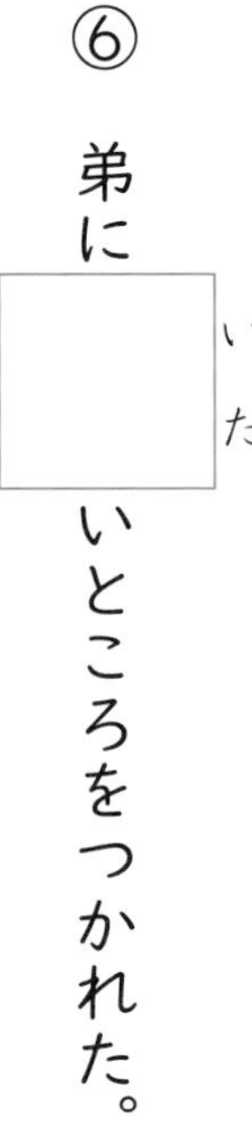

⑦ 薬を飲んで、ようやく［ず つう］が治まった。

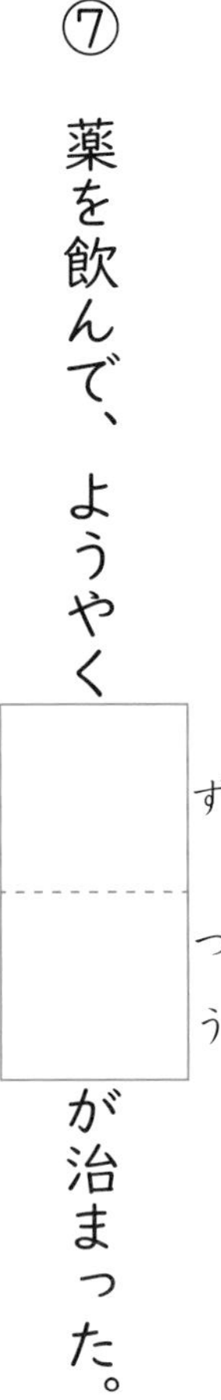

⑧ 友達の［ひ はん］に耳をかたむける。

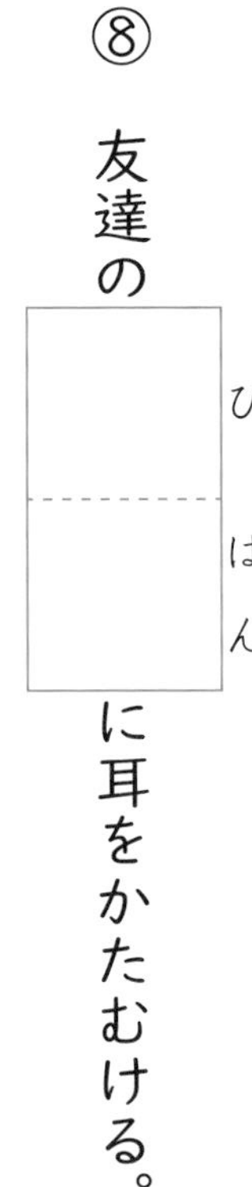

ヒント **2** ⑥「いたい」、⑦「つう」の「疒」を「广」と書かないように注意しましょう。

きほんのドリル 26。 イーハトーヴの夢 (2)

時間 15分
合格80点
/100
サクッとこたえあわせ
答え 101ページ

月　日

書いて覚えよう！

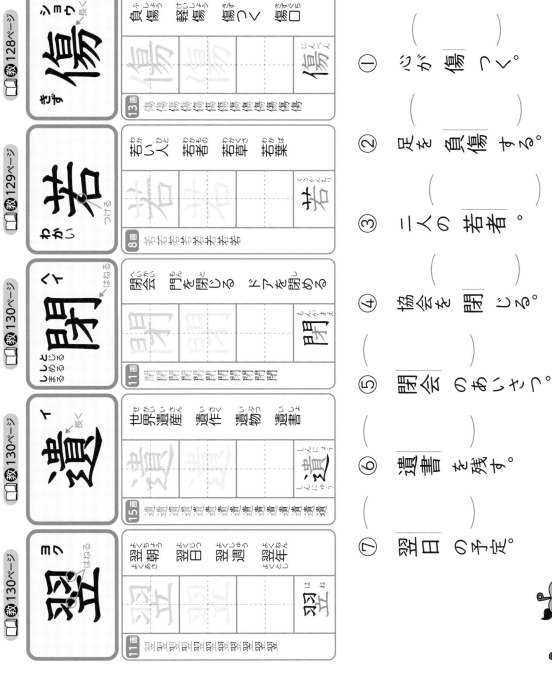

教 128ページ
傷 ショウ きず（長く）13画
傷傷傷傷傷傷傷傷傷傷傷傷傷
負傷（ふしょう）　軽傷（けいしょう）　傷つく（きずつく）　傷口（きずぐち）
傷（にんべん）

教 129ページ
若 わかい（つける）8画
若若若若若若若若
若い人（わかいひと）　若者（わかもの）　若草（わかくさ）　若葉（わかば）
若（くさかんむり）

教 130ページ
閉 ヘイ とじる しめる しまる（はねる）11画
閉閉閉閉閉閉閉閉閉閉閉
閉会（へいかい）　門を閉じる（もんをとじる）　ドアを閉める（ドアをしめる）
閉（もんがまえ）

教 130ページ
遺 イ（長く）15画
遺遺遺遺遺遺遺遺遺遺遺遺遺遺遺
世界遺産（せかいいさん）　遺作（いさく）　遺物（いぶつ）　遺書（いしょ）
遺（しんにょう・しんにゅう）

教 130ページ
翌 ヨク（はねる）11画
翌翌翌翌翌翌翌翌翌翌翌
翌朝（よくちょう・よくあさ）　翌日（よくじつ）　翌週（よくしゅう）　翌年（よくねん・よくとし）
翌（はね）

1 読みがなを書きましょう。
28点（一つ4）

① 心が 傷（　）つく。
② 足を 負傷（　）する。
③ 二人の 若者（　）。
④ 協会を 閉（　）じる。
⑤ 閉会（　）のあいさつ。
⑥ 遺書（　）を残す。
⑦ 翌日（　）の予定。

教科書 123〜134ページ

うらのページに続くよ！

2 あてはまる漢字を書きましょう。

72点(一つ9)

① 保健室で［きずぐち］を消毒してもらう。

② 階段から落ちたが、［けいしょう］で済(す)んだ。

③ 暖(あたた)かくなって［わかば］が芽ぶく。

④ 目を［と］じて、去年の出来事を思い出す。

⑤ 駅前にあるデパートは、夜八時に［へいてん］する。

⑥ 音がしないように、ゆっくりとドアを［し］める。

⑦ 世界［いさん］を大切に保存する。

⑧ ［よくじつ］からの修学旅行が楽しみだ。

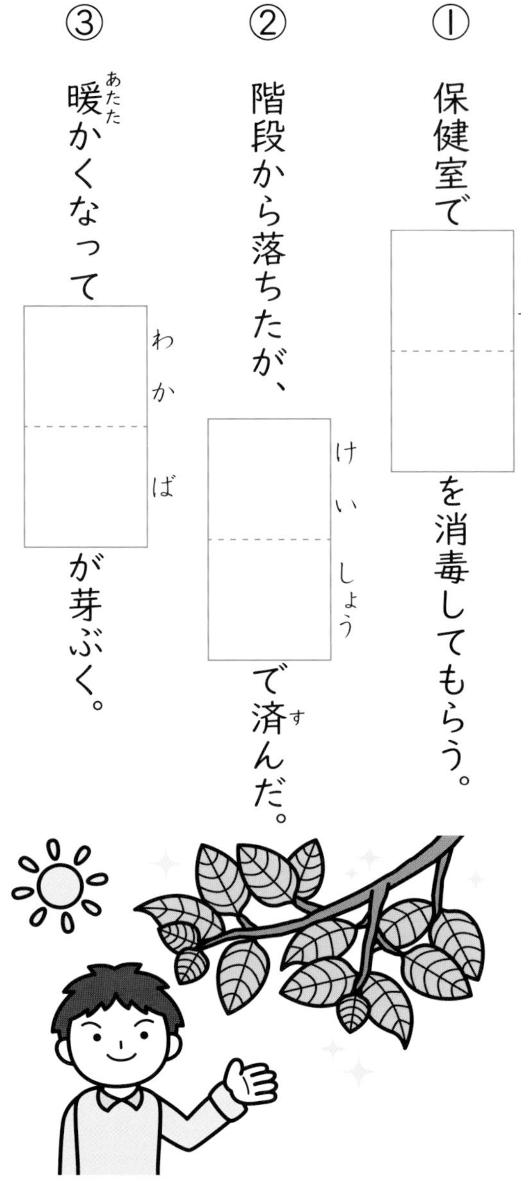

ヒント 2 ④「とじる」の反対の意味の言葉は「開(あ)ける」「開(ひら)く」です。

きほんのドリル 27。 熟語の成り立ち (1)

時間 15分　合格80点　／100

答え 101ページ

月　日

書いて覚えよう！

教 136ページ

縦 たて　ジュウ（はらう）

16画

縦横（じゅうおう・たてよこ）　縦断（じゅうだん）　縦書き（たてが）　縦笛（たてぶえ）

縦（いとへん）

教 136ページ

頂 いただく　いただき　チョウ（はねる）

11画

山頂（さんちょう）　雪（ゆき）を頂（いただ）く山（やま）　山（やま）の頂（いただき）

頂（おおがい）

教 136ページ

忠 チュウ（出る）

8画

忠誠（ちゅうせい）　忠告（ちゅうこく）　忠実（ちゅうじつ）　忠義（ちゅうぎ）

忠（こころ）

教 136ページ

誠 セイ（上にはねる）

13画

忠誠（ちゅうせい）　誠実（せいじつ）　誠心誠意（せいしんせいい）

誠（ごんべん）

教 136ページ

敵 テキ（「又」にしない）

15画

敵（てき）と味方（みかた）　強敵（きょうてき）　敵国（てきこく）

敵（のぶん・ぼくづくり）

読んで覚えよう！

●…読み方が新しい漢字

教 136ページ

顔 ガン かお

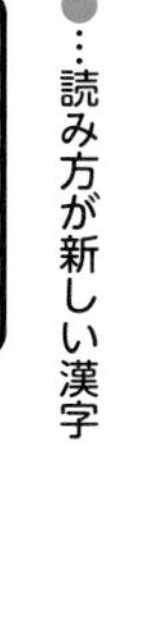

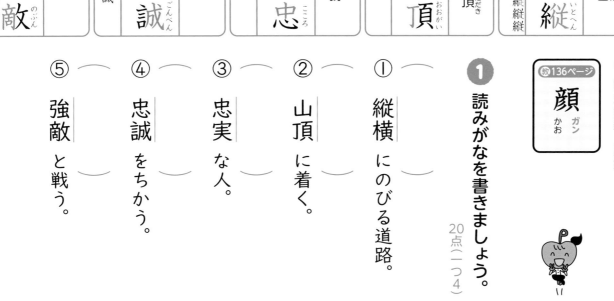

1 読みがなを書きましょう。 20点（一つ4）

① 縦横（　　）にのびる道路。

② 山頂（　　）に着く。

③ 忠実（　　）な人。

④ 忠誠（　　）をちかう。

⑤ 強敵（　　）と戦う。

← うらのページに続くよ！

教科書 136〜137ページ

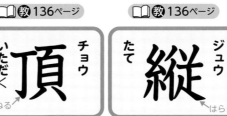

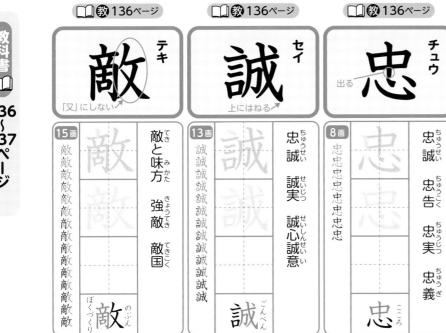

2 あてはまる漢字を書きましょう。

80てん（一つ10）

① 父は若いころ、日本［じゅうだん］の旅をした。

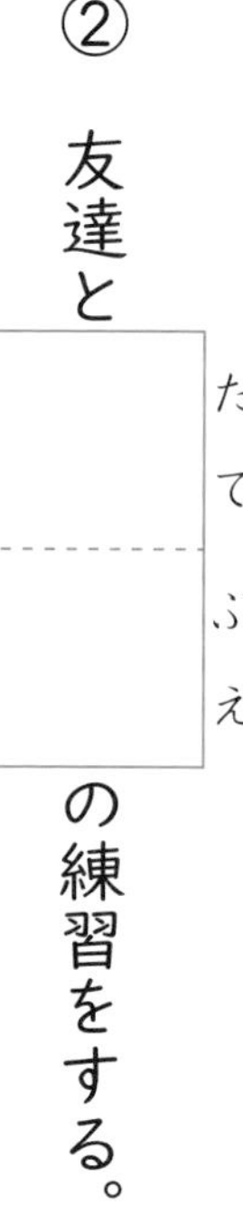
② 友達と［たてぶえ］の練習をする。

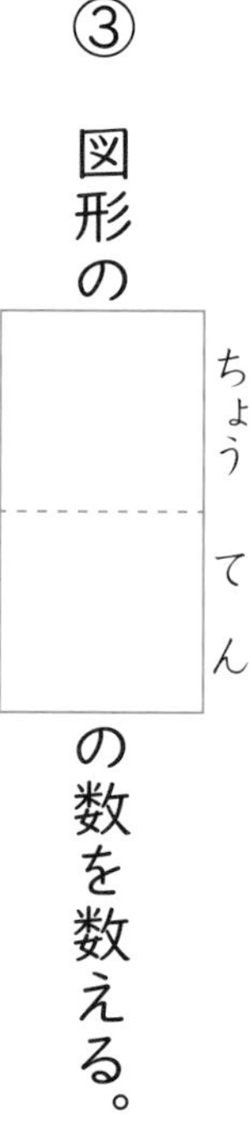
③ 図形の［ちょうてん］の数を数える。

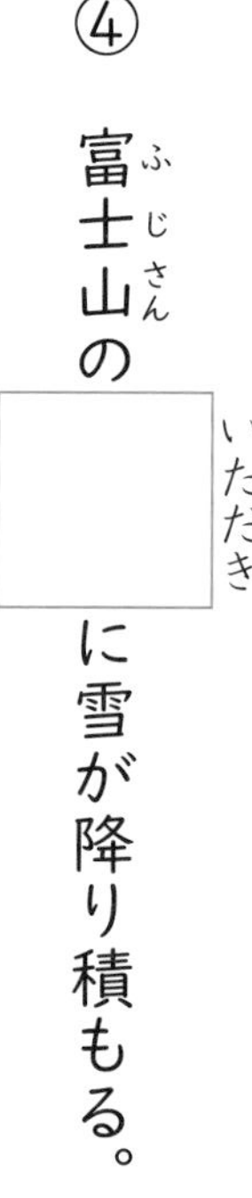
④ 富士山（ふじさん）の［いただき］に雪が降り積もる。

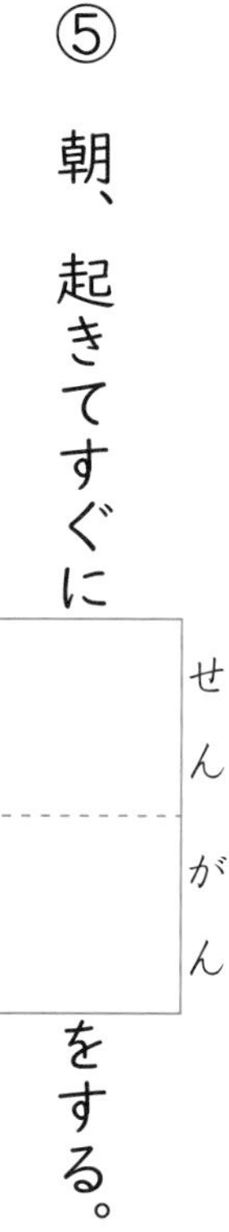
⑤ 朝、起きてすぐに［せんがん］をする。

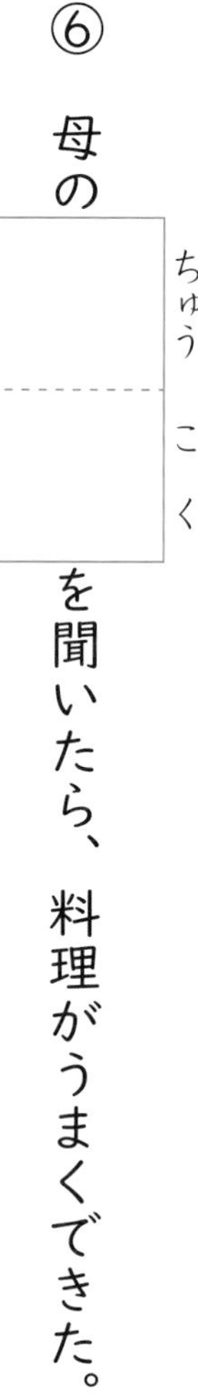
⑥ 母の［ちゅうこく］を聞いたら、料理がうまくできた。

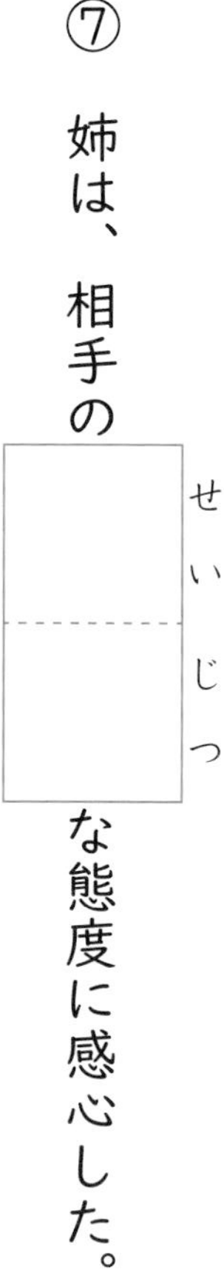
⑦ 姉は、相手の［せいじつ］な態度に感心した。

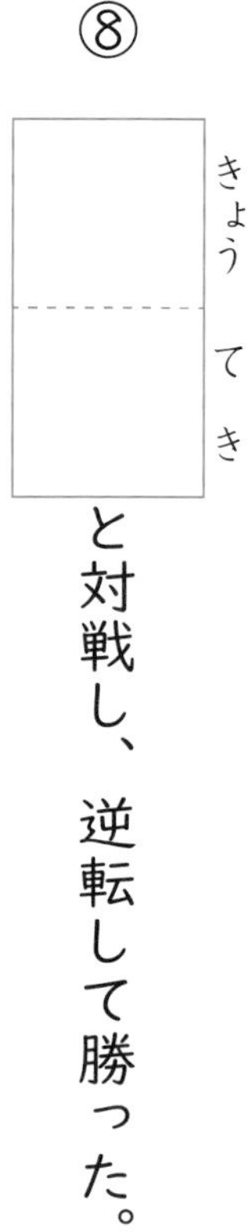
⑧ ［きょうてき］と対戦し、逆転して勝った。

ヒント 2 ⑧「てき」の「攵」を「又」と書かないように注意しましょう。

きほんのドリル 28。

熟語の成り立ち (2)

時間 15分　合格 80点　／100

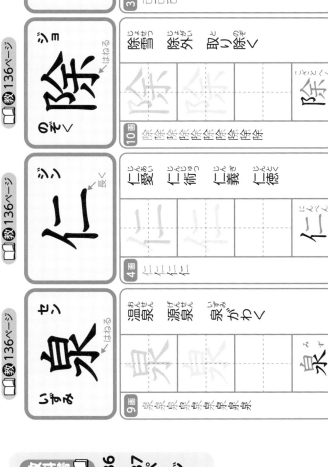

サクッとこたえあわせ　答え 101ページ

月　日

書いて覚えよう！

漢字	読み	画数	筆順	言葉	部首
蚕（教136ページ）	サン／かいこ（長く）	10画	蚕蚕蚕蚕蚕蚕蚕蚕蚕蚕	養蚕（ようさん）　養蚕業（ようさんぎょう）　蚕（かいこ）を飼（か）う	虫（むし）
己（教136ページ）	コ（上にはねる）	3画	己己己	自己（じこ）　利己的（りこてき）	己（おのれ）
除（教136ページ）	ジョ／のぞく（はねる）	10画	除除除除除除除除除除	除雪（じょせつ）　除外（じょがい）　取（と）り除（のぞ）く	阝（こざとへん）
仁（教136ページ）	ジン（長く）	4画	仁仁仁仁	仁愛（じんあい）　仁術（じんじゅつ）　仁義（じんぎ）　仁徳（じんとく）	亻（にんべん）
泉（教136ページ）	セン／いずみ（はねる）	9画	泉泉泉泉泉泉泉泉泉	温泉（おんせん）　源泉（げんせん）　泉（いずみ）がわく	水（みず）

読んで覚えよう！

●…読み方が新しい漢字　＝…送りがな

- 玉（教136ページ）　ギョク　たま
- 楽（教136ページ）　ガク　ラク　たのしい　たのしむ

1 読みがなを書きましょう。 20点（一つ4）

① 養蚕（　　）を営む。

② 自己（　　）しょうかいをする。

③ 道路を 除雪（　　）する。

④ 仁愛（　　）の心をもつ。

⑤ 温泉（　　）に入る。

うらのページに続くよ！

2 あてはまる漢字を書きましょう。

80点（一つ10）

① □（かいこ）のえさがくわの葉ということを、初めて知った。

② 「□□（ぎょくせき）混交（こんこう）」という四字熟語を辞書で調べる。

③ 自分のことばかりを優先するのは□□□（りこてき）だ。

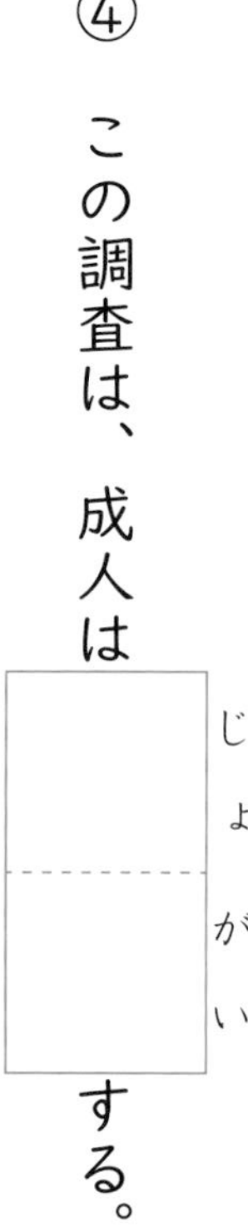

④ この調査は、成人は□□（じょがい）する。

⑤ 道路をふさいでいる岩を取り□（のぞ）く。

⑥ 南国の□□（らくえん）と呼ばれる島へ行く。

⑦ 私は□□（じんあい）の心が深い人になりたい。

⑧ 山おくにわいている□（いずみ）を探しに行く。

ヒント

2 ⑧「いずみ」の七画目の「フ」を「︶」と二画で書かないように注意しましょう。

きほんのドリル 29。

熟語の成り立ち (3)

書いて覚えよう！

教136ページ
裏（うら） 13画 長く
裏返す（うらがえす） 裏側（うらがわ） 裏腹（うらはら） 裏庭（うらにわ）
裏（ころも）

教137ページ
系（ケイ） 7画 とめる
銀河系（ぎんがけい） 太陽系（たいようけい） 生態系（せいたいけい） 系統（けいとう）
系（いと）

教137ページ
盟（メイ） 13画 はねる
加盟（かめい） 同盟（どうめい） 連盟（れんめい） 盟主（めいしゅ）
盟（さら）

教137ページ
欲（ヨク） 11画 はらう
意欲的（いよくてき） 食欲（しょくよく） 欲望（よくぼう）
欲（あくび・かける）

教137ページ
株（かぶ） 10画 とめる
株式会社（かぶしきがいしゃ） 切り株（きりかぶ） 株主（かぶぬし）
株（きへん）

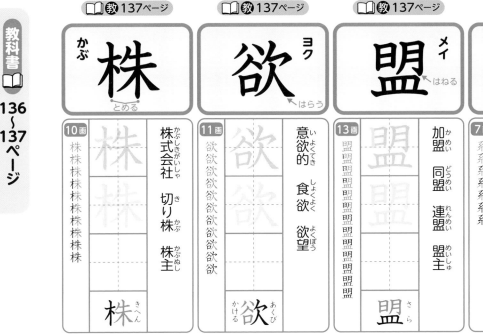

読んで覚えよう！

●…読み方が新しい漢字　＝…送りがな

教137ページ
一　イチ　イッ　ひと　ひとつ

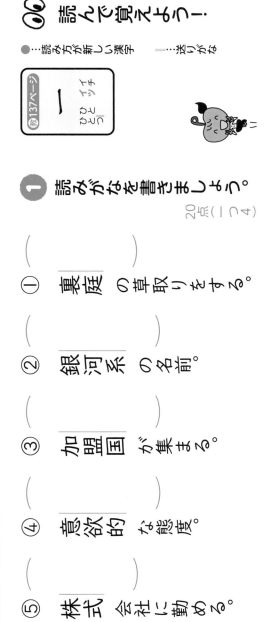

1 読みがなを書きましょう。 20点(一つ4)

① 裏庭（　　）の草取りをする。

② 銀河系（　　）の名前。

③ 加盟国（　　）が集まる。

④ 意欲的（　　）な態度。

⑤ 株式（　　）会社に勤める。

裏のページに続くよ！

教科書 136～137ページ

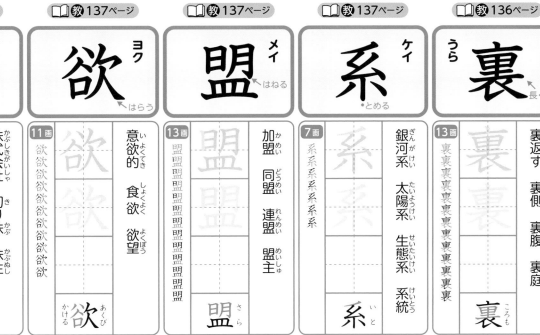

❷ あてはまる漢字を書きましょう。

80点（一つ10）

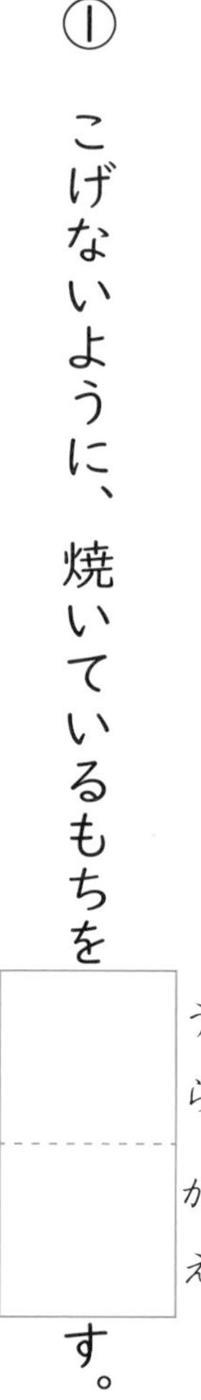
① こげないように、焼いているもちを［うらがえ］す。

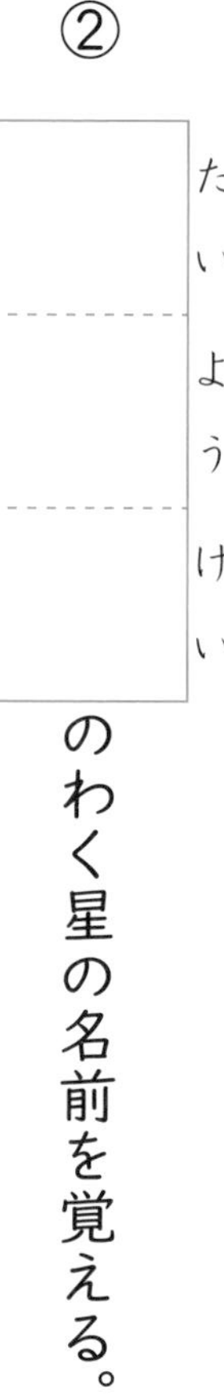
② ［たいようけい］のわく星の名前を覚える。

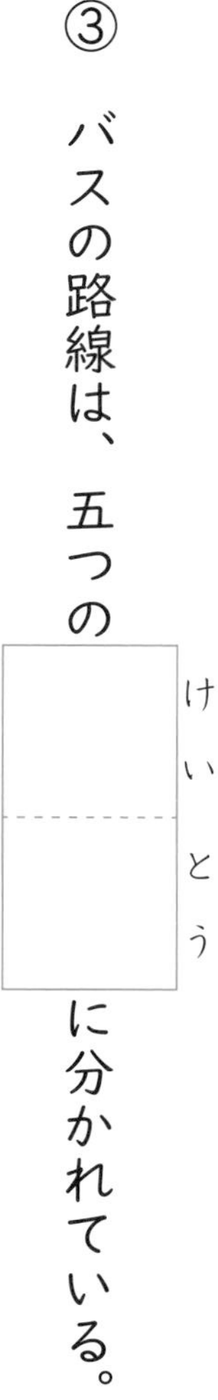
③ バスの路線は、五つの［けいとう］に分かれている。

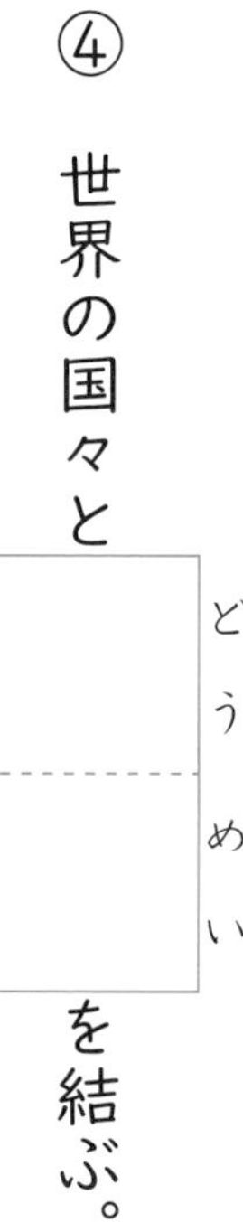
④ 世界の国々と［どうめい］を結ぶ。

⑤ 熱が下がり、［しょくよく］が出てきた。

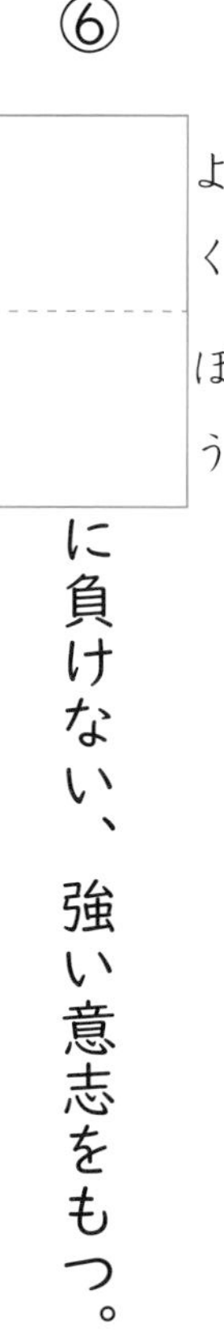
⑥ ［よくぼう］に負けない、強い意志をもつ。

⑦ 家族で、近所の百円［きんいつ］の店に行った。

⑧ 歩きつかれ、切り［かぶ］にすわって休む。

ヒント ❷ ②・③「けい」は「亻」（にんべん）をつけないように注意しましょう。

名づけられた葉～熟語の成り立ち

1 漢字の読みがなを書きましょう。　52点（一つ4）

① 野菜を細かく刻（　）んでいためる。

② 諸国（　）の首脳が集まって、話している。

③ 俳優（　）の演技に感動して、泣いてしまった。

④ ロボットの模型（　）を作る。

⑤ 川の源（　）まで歩いてみようと思う。

⑥ 新しく加盟（　）したチームは強敵（　）だ。

⑦ 父は、消防署（　）に勤務（　）している。

⑧ 転んでできた傷（　）が、ずきずき痛（　）む。

⑨ 教えを忠実（　）に守り、養蚕（　）を行う。

教科書 100～137ページ

裏のページに続くよ！

2 あてはまる漢字を書きましょう。〔　〕には漢字と平がなを書きましょう。 48点（一つ4）

① 〔むずかしい〕問題が解けてうれしい。

② □□（うちゅう）のブラックホールに興味がある。

③ セミの□□（ようちゅう）を観察する。

④ 「医は□□（じんじゅつ）」の意味を調べる。

⑤ ロッカーに、そうじ道具を□□（しゅうのう）する。

⑥ みんなに□□（せいじつ）に対応する。

⑦ □□（けいれつ）校との試合は、□□（えんちょう）にもつれこんだ。

⑧ □□（たてぶえ）のうで前は、□□（みじゅく）だ。

⑨ □□（さんちょう）にある□□（おんせん）に入る。

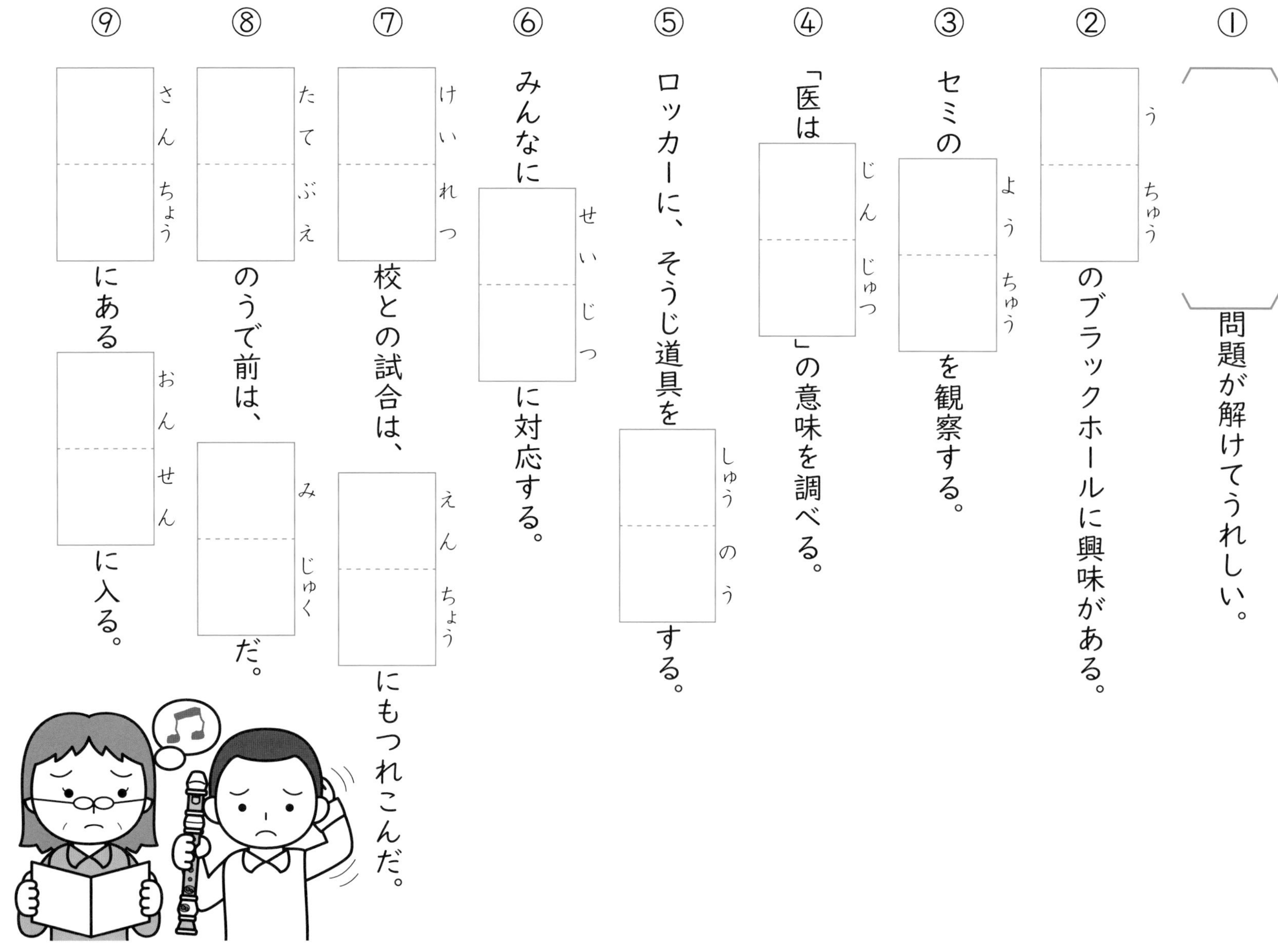

きほんのドリル 31。みんなで楽しく過ごすために 伝えにくいことを伝える (1)

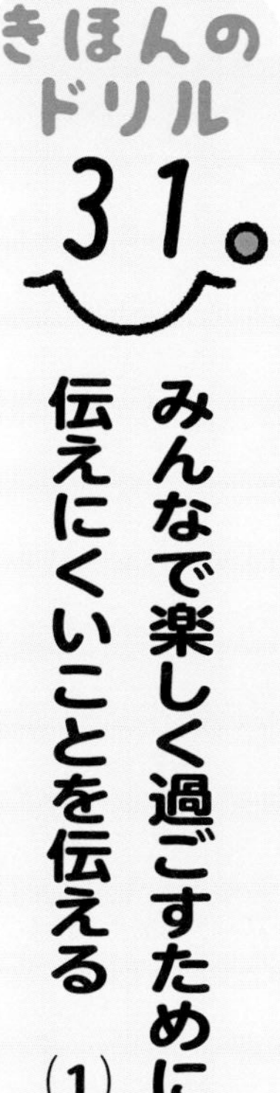

書いて覚えよう!

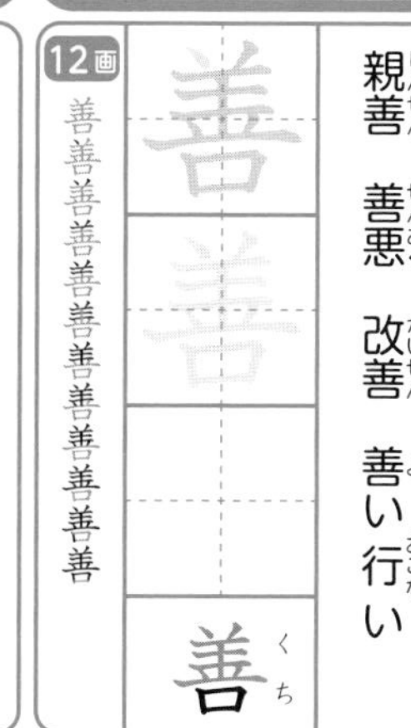
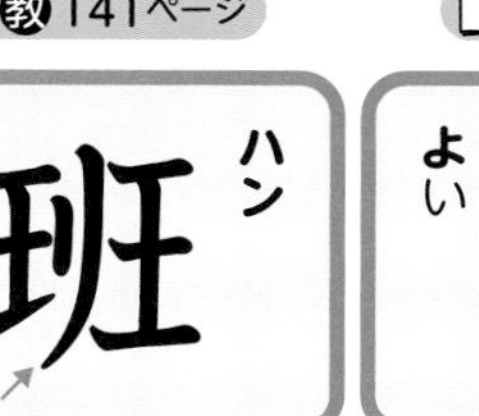
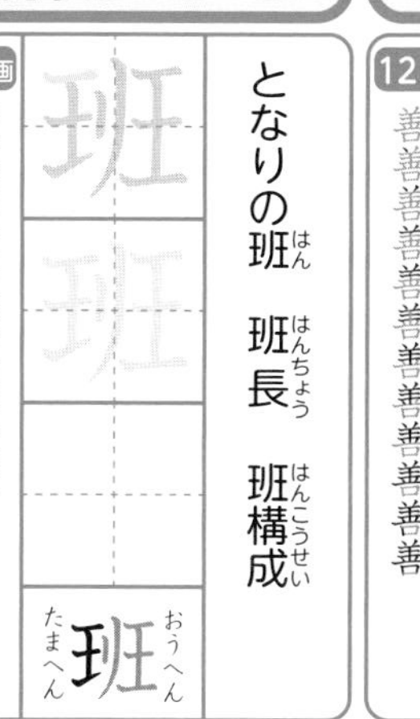

1 読みがなを書きましょう。 28点(一つ4)

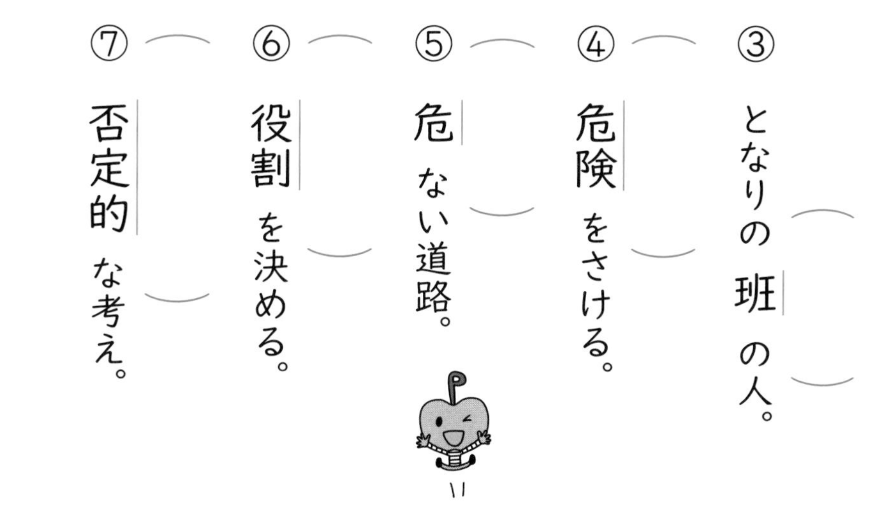

① 改善点を探す。

② 善い行いをする。

③ となりの班の人。

④ 危険をさける。

⑤ 危ない道路。

⑥ 役割を決める。

⑦ 否定的な考え。

教科書 140～147ページ

裏のページに続くよ!

2 あてはまる漢字を書きましょう。

72点（一つ9）

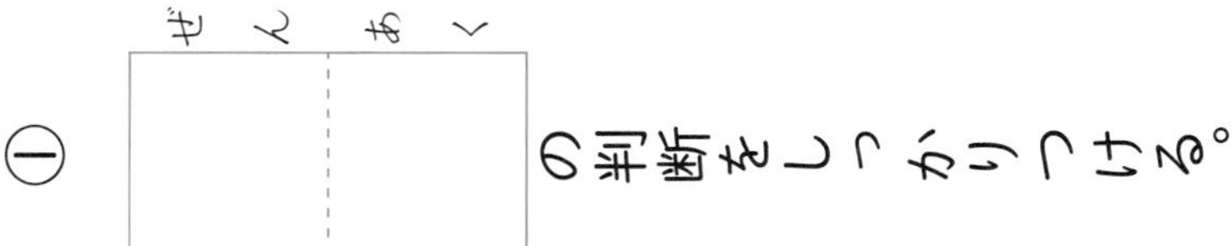

① （ぜんあく）の判断をしっかりつける。

② 世の中のためになる（よ）い行いを心がける。

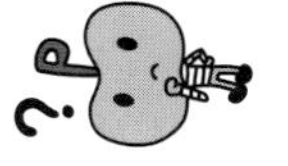

③ 兄は、集団登校の（はんちょう）を務めている。

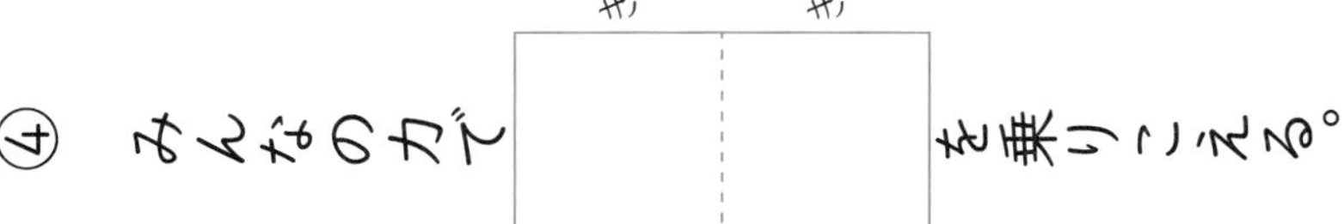

④ みんなの力で（きき）を乗りこえる。

⑤ （あぶ）ない場所には近づかない。

①「ぜんあく」は、反対の意味の漢字が組み合わさってできた熟語だね。

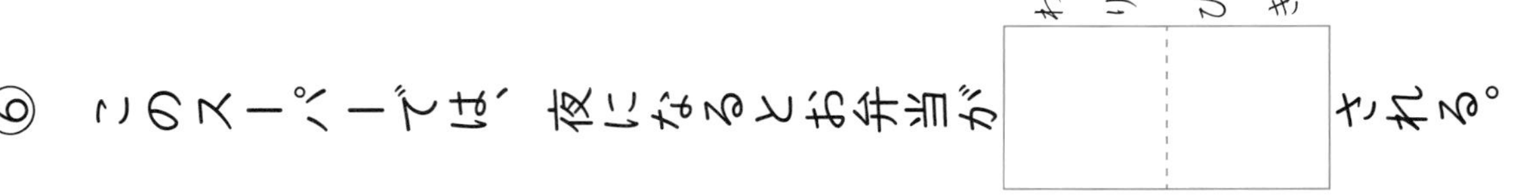

⑥ このスーパーでは、夜になるとお弁当が（わりびき）される。

⑦ 手がすべって、コップが（わ）れる。

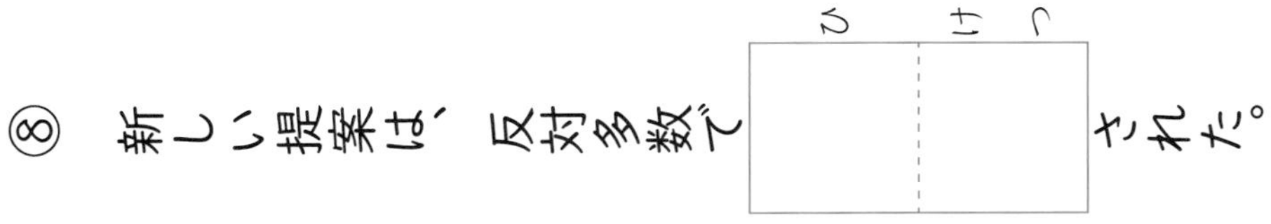

⑧ 新しい提案は、反対多数で（ひけつ）された。

ヒント 2 ④「き」、⑤「あぶない」の三画目を「フ」と書かないように注意しましょう。

きほんのドリル 32。伝えにくいことを伝える (2)

時間 15分　合格80点　　/100

答え 102ページ　サクッとこたえあわせ

月　日

書いて覚えよう！

教147ページ
至 シ いたる（長く）
6画　至至至至至至
至急（しきゅう）　冬至（とうじ）　至難（しなん）　現在に至る（げんざいにいたる）
至（いたる）

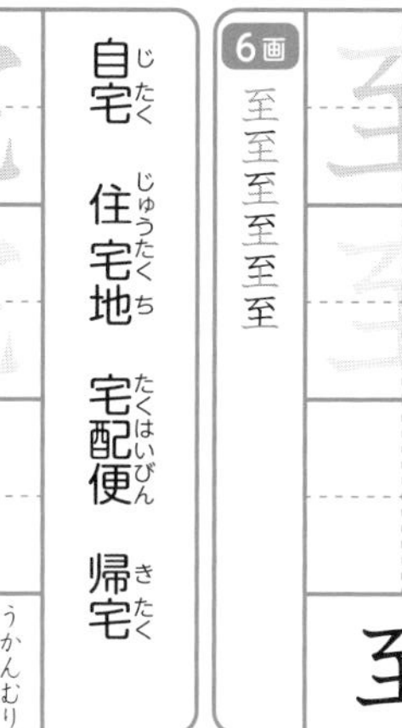

教147ページ
宅 タク（上にはねる）
6画　宅宅宅宅宅宅
自宅（じたく）　住宅地（じゅうたくち）　宅配便（たくはいびん）　帰宅（きたく）
宅（うかんむり）

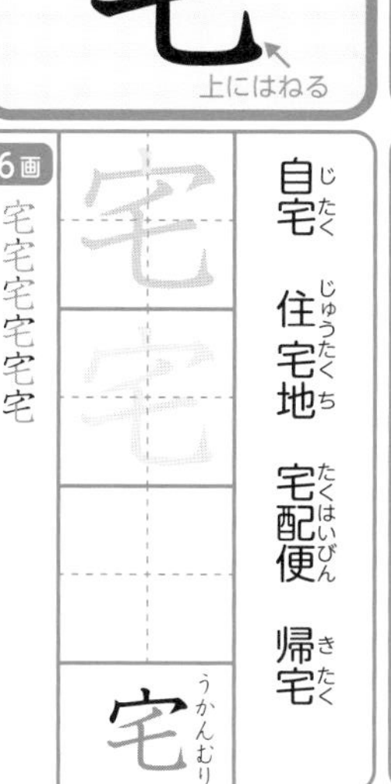

教147ページ
糖 トウ（とめる）
16画　糖糖糖糖糖糖糖糖糖糖糖糖糖糖糖糖
砂糖（さとう）　糖分（とうぶん）
糖（こめへん）

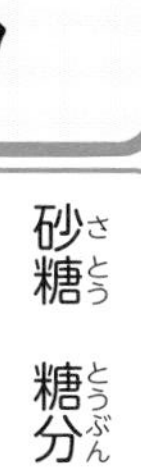

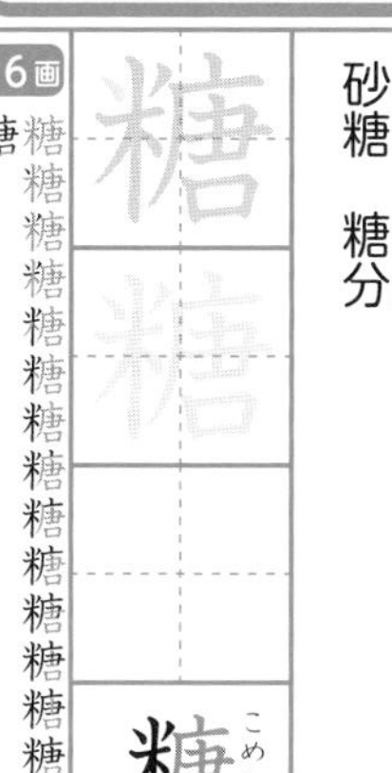

教147ページ
紅 コウ べに（長く）
9画　紅紅紅紅紅紅紅紅紅
紅茶（こうちゃ）　紅白（こうはく）　口紅（くちべに）　紅色（べにいろ）
紅（いとへん）

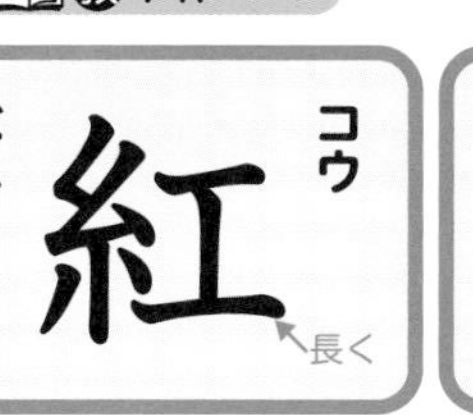

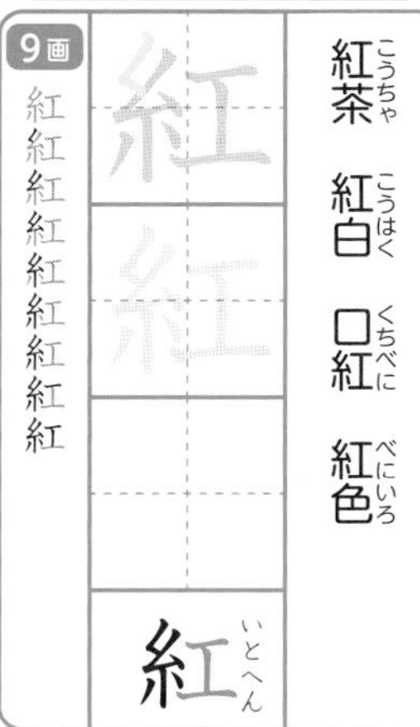

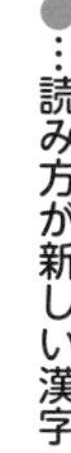

読んで覚えよう！

●…読み方が新しい漢字

教147ページ
口 コウ ク くち

1 読みがなを書きましょう。

28点（一つ4）

① 至急（　　）駅に向かう。
② 頂上に 至（　　）る道。
③ 父が 帰宅（　　）した。
④ 砂糖（　　）を入れる。
⑤ 糖分（　　）をとる。
⑥ 紅茶（　　）を飲む。
⑦ 母が 口紅（　　）を買う。

← 裏のページに続くよ！

2 あてはまる漢字を書きましょう。

72点（一つ9）

① 妹が、電話で話すときの母の［くちょう］をまねる。

② この高さを飛びこえるのは［しなん］のわざだ。

③ 大事に［いた］らぬように願う。

④ 私の家は、駅から五分の［じゅうたくち］にある。

⑤ 祖母からの［たくはいびん］が届く。

⑥ このジャムに、［さとう］は入っていない。

⑦ お祝いで［こうはく］のもちをもらう。

⑧ うす［べに］色に染まった梅の花が見ごろだ。

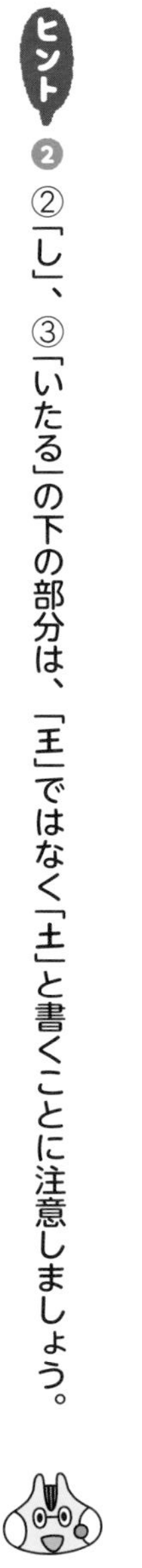

ヒント ❷ ②「し」、③「いたる」の下の部分は、「王」ではなく「土」と書くことに注意しましょう。

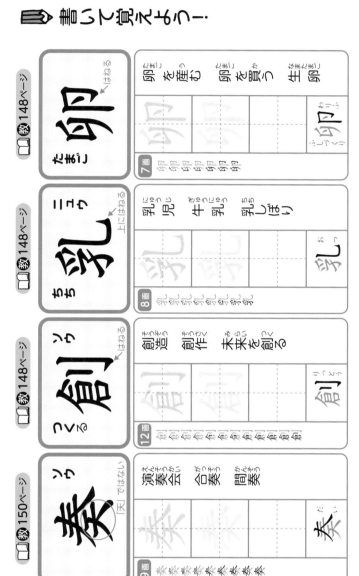

きほんのドリル 33

話し言葉と書き言葉
古典芸能の世界

時間 15分　合格80点　/100

答え 102ページ

月　日

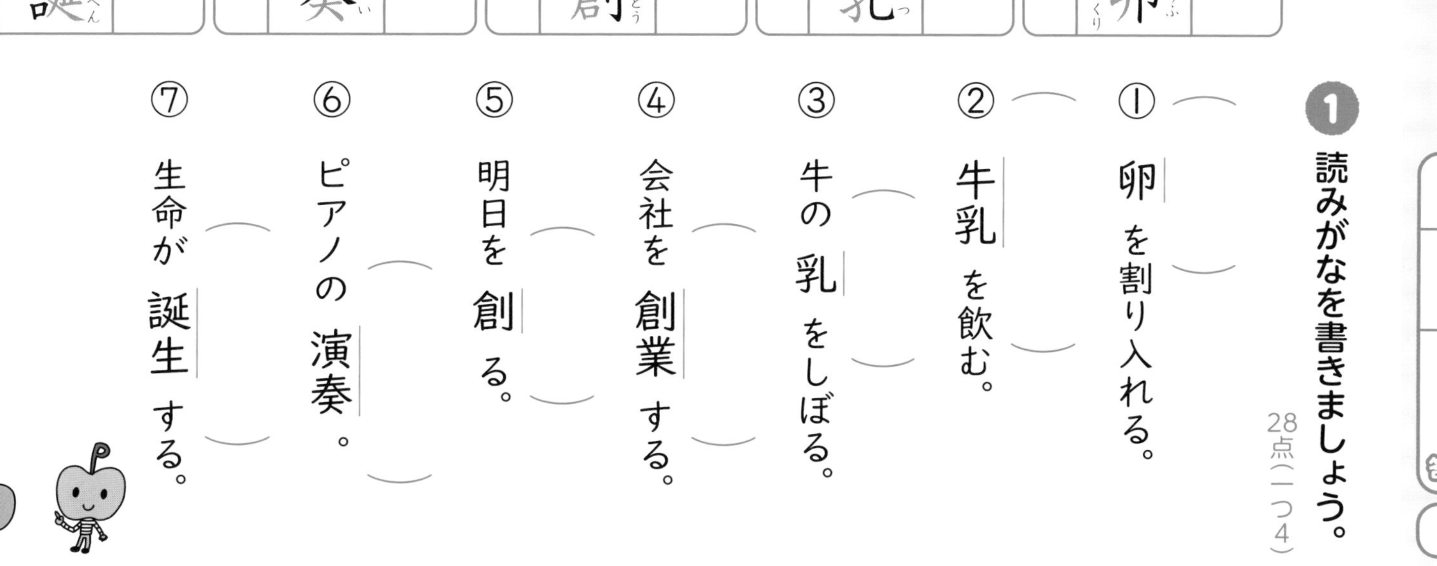

書いて覚えよう！

漢字	読み	画数	筆順	言葉	部首	教科書
卵	たまご	7画	卵卵卵卵卵卵卵	卵(たまご)を産(う)む　卵(たまご)を買(か)う　生卵(なまたまご)	卩 ふしづくり／わりふ	148ページ
乳	ニュウ　ちち	8画	乳乳乳乳乳乳乳乳	乳児(にゅうじ)　牛乳(ぎゅうにゅう)　乳(ちち)しぼり	乚 おつ	148ページ
創	ソウ　つくる	12画	創創創創創創創創創創創創	創造(そうぞう)　創作(そうさく)　未来(みらい)を創(つく)る	刂 りっとう	148ページ
奏	ソウ	9画	奏奏奏奏奏奏奏奏奏	演奏会(えんそうかい)　合奏(がっそう)　間奏(かんそう)	大 だい	150ページ
誕	タン	15画	誕誕誕誕誕誕誕誕誕誕誕誕誕誕誕	誕生(たんじょう)　生誕(せいたん)	言 ごんべん	151ページ

卵：はねる　乳：上にはねる　創：はねる　奏：「天」ではない　誕：出る

1 読みがなを書きましょう。　28点(一つ4)

① 卵（　）を割り入れる。

② 牛乳（　）を飲む。

③ 牛の乳（　）をしぼる。

④ 会社を創業（　）する。

⑤ 明日を創（　）る。

⑥ ピアノの演奏（　）。

⑦ 生命が誕生（　）する。

裏のページに続くよ！

2 あてはまる漢字を書きましょう。

72点（一つ9）

① ゆで［たまご］をサラダの上にのせる。

② 私の姉は、医者の［たまご］だ。

③ ［ぎゅう｜にゅう］を温めて飲む。

④ 初めてうしの［ちち］しぼりを体験した。

⑤ ねこが主人公の物語を［そう｜さく］する。

⑥ 地域独自の文化を［つく］る活動に参加する。

⑦ クラス全員で、先生のリクエスト曲を［がっ｜そう］する。

⑧ 家族で、弟の［たん｜じょう｜び］を祝う。

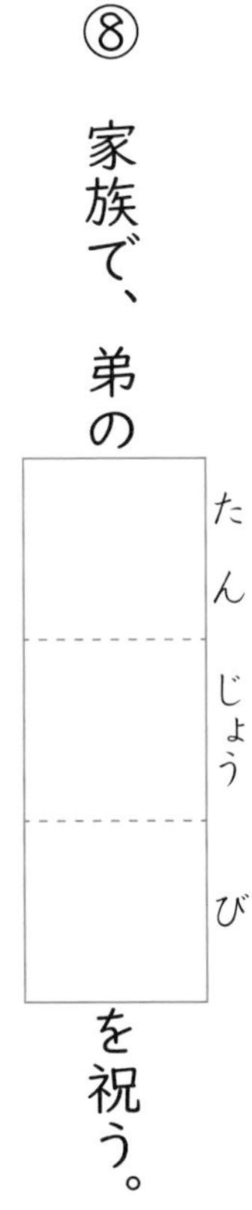

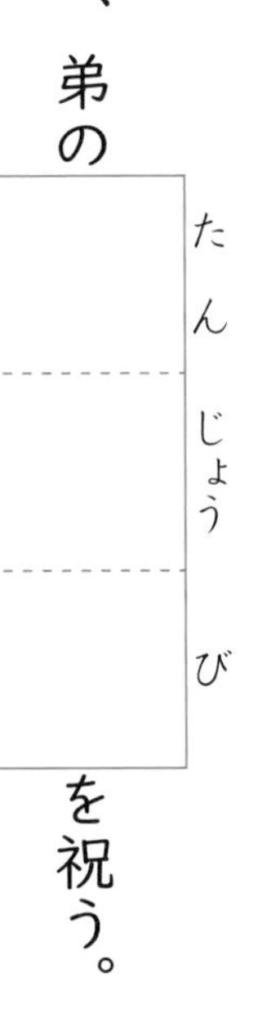

ヒント 2 ⑦「そう」の「夭」を「天」と書かないように注意しましょう。

きほんのドリル 34。

狂言(きょうげん)「柿山伏(かきやまぶし)」を楽しもう 『鳥獣戯画(ちょうじゅうぎが)』を読む (1)

書いて覚えよう！

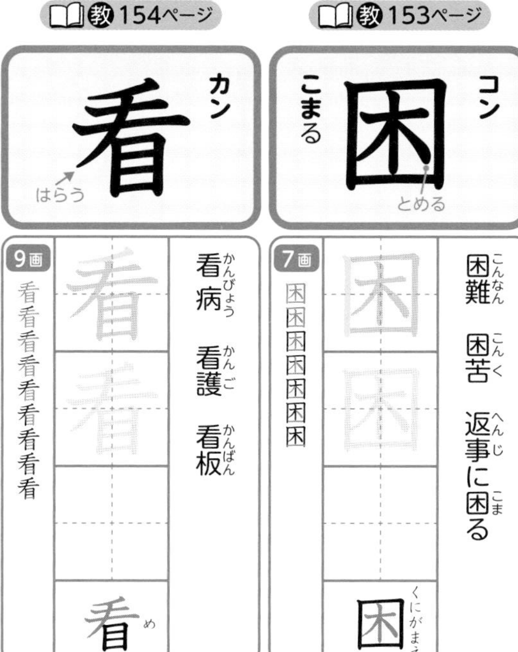
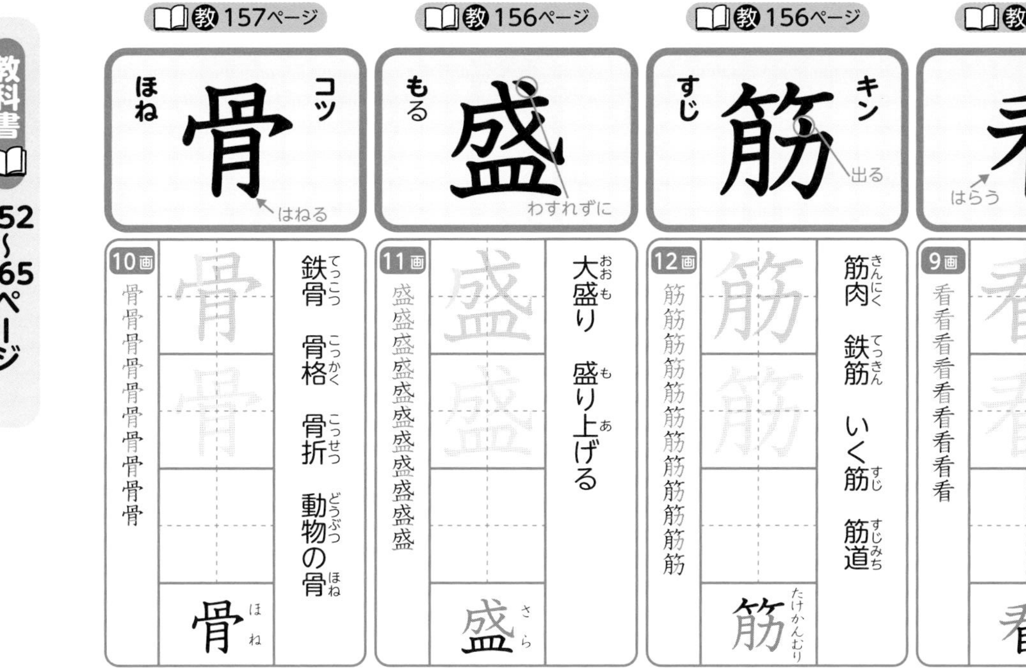

教科書ページ	漢字	読み	画数	筆順	言葉	部首
教153ページ	困（とめる）	コン / こまる	7画	困困困困困困困	困難(こんなん)　困苦(こんく)　返事(へんじ)に困(こま)る	囗（くにがまえ）
教154ページ	看（はらう）	カン	9画	看看看看看看看看看	看病(かんびょう)　看護(かんご)　看板(かんばん)	目（め）
教156ページ	筋（出る）	キン / すじ	12画	筋筋筋筋筋筋筋筋筋筋筋筋	筋肉(きんにく)　鉄筋(てっきん)　いく筋(すじ)　筋道(すじみち)	⺮（たけかんむり）
教156ページ	盛（わすれずに）	もる	11画	盛盛盛盛盛盛盛盛盛盛盛	大盛(おおも)り　盛(も)り上(あ)げる	皿（さら）
教157ページ	骨（はねる）	コツ / ほね	10画	骨骨骨骨骨骨骨骨骨骨	鉄骨(てっこつ)　骨格(こっかく)　骨折(こっせつ)　動物(どうぶつ)の骨(ほね)	骨（ほね）

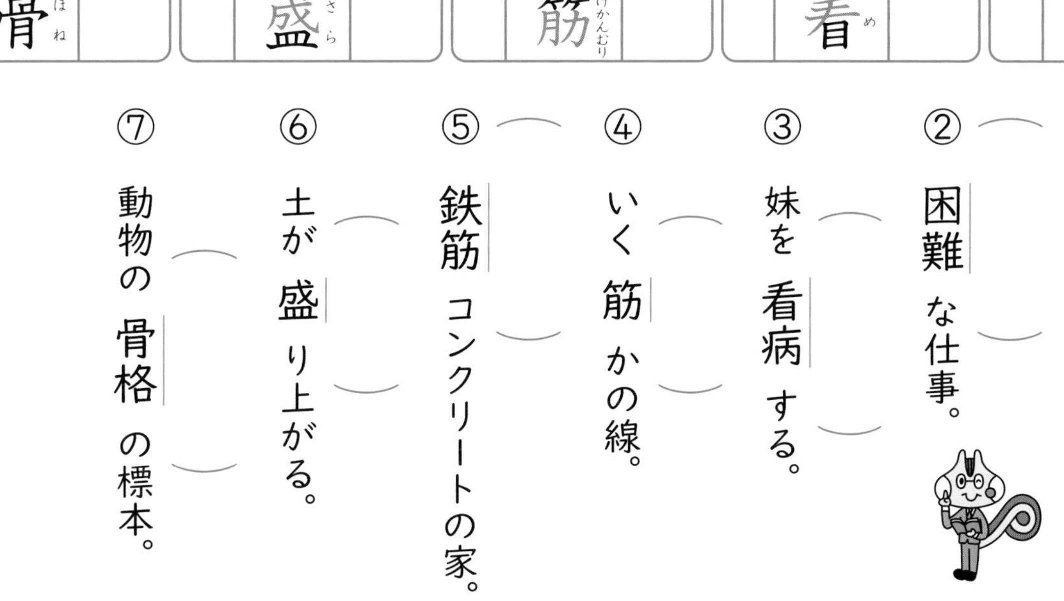

1 読みがなを書きましょう。　28点(一つ4)

① 困（　　）ることはない。

② 困難（　　）な仕事。

③ 妹を看病（　　）する。

④ いく筋（　　）かの線。

⑤ 鉄筋（　　）コンクリートの家。

⑥ 土が盛（　　）り上がる。

⑦ 動物の骨格（　　）の標本。

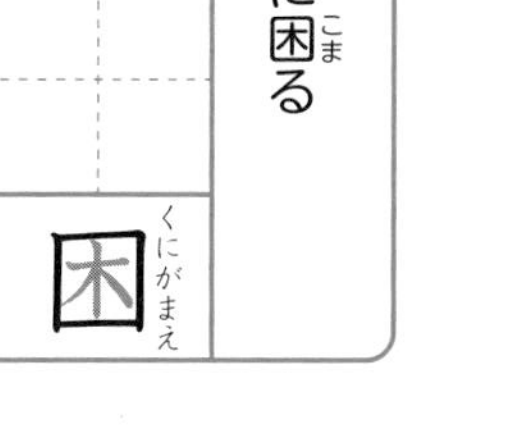

裏のページに続くよ！

❷ あてはまる漢字を書きましょう。

72点（一つ9）

① □（こま）っている人に声をかける。

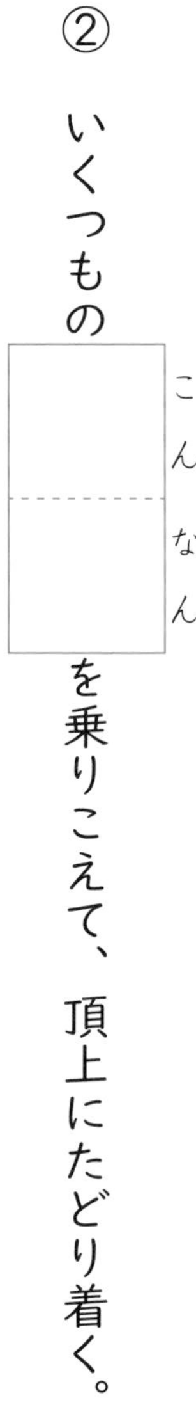

② いくつもの□□（こんなん）を乗りこえて、頂上にたどり着く。

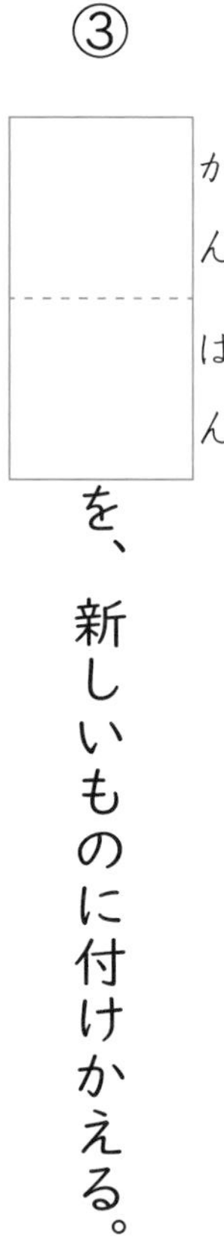

③ □□（かんばん）を、新しいものに付けかえる。

④ □□（すじみち）を立てて説明する。

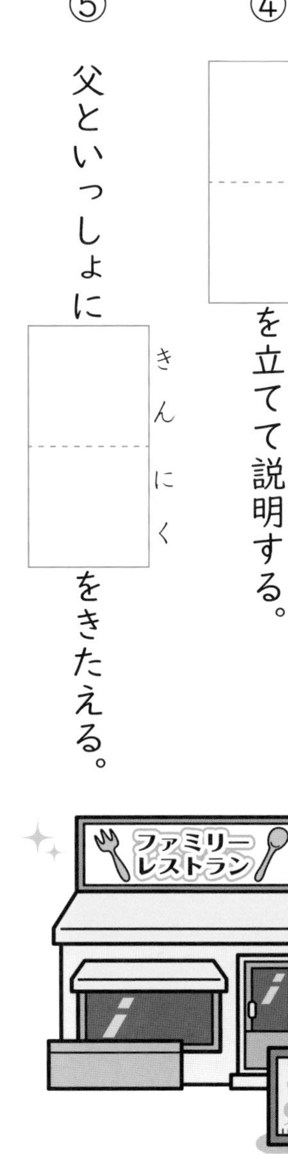

⑤ 父といっしょに□□（きんにく）をきたえる。

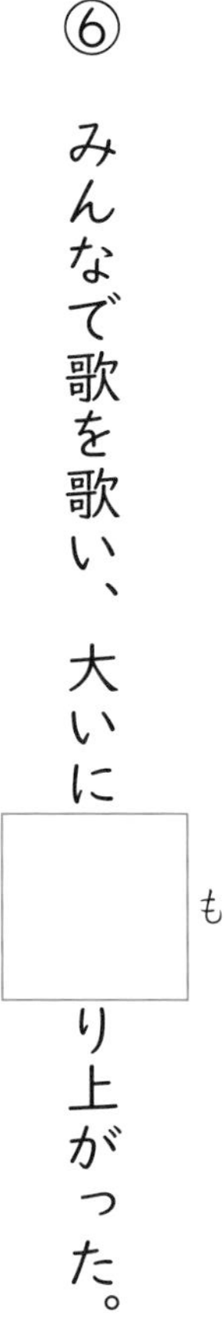

⑥ みんなで歌を歌い、大いに□（も）り上がった。

⑦ □□（こっせつ）した右うでが、やっと治った。

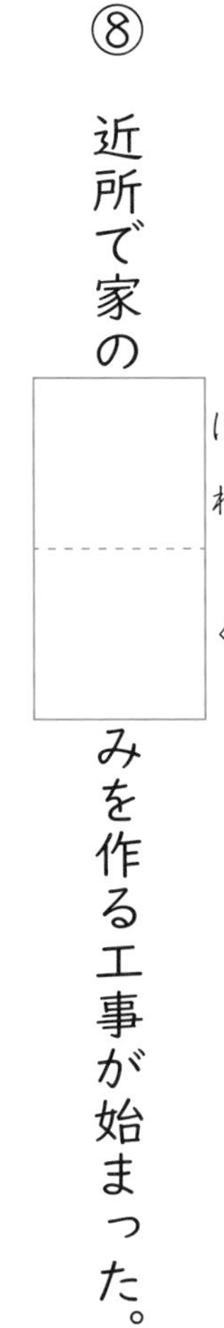

⑧ 近所で家の□□（ほねぐ）みを作る工事が始まった。

ヒント ❷③「かん」は、「手」と「目」を合わせた漢字といわれています。

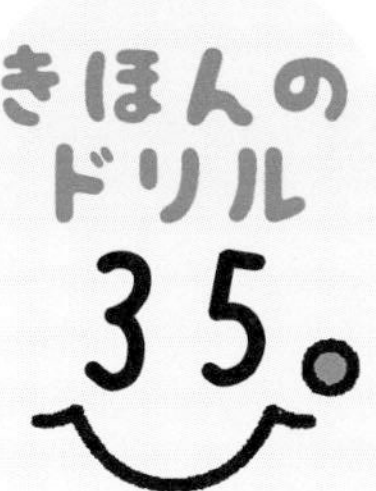

『鳥獣戯画（ちょうじゅうぎが）』を読む 発見、日本文化のみりょく (2)

時間 15分　合格80点　/100

サクッとこたえあわせ　答え 102ページ

月　日

書いて覚えよう！

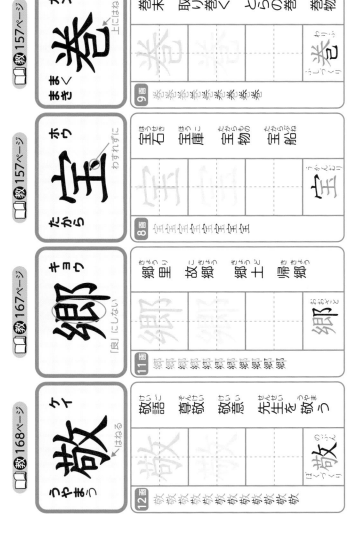

巻（教 157ページ）	カン・まく・まき（上にはねる）　部首：巻（わりふ・ふしづくり）	9画	巻末（かんまつ）　取り巻く（とりまく）　とらの巻（まき）　巻物（まきもの）
宝（教 157ページ）	ホウ・たから（わすれずに）　部首：宀（うかんむり）	8画	宝石（ほうせき）　宝庫（ほうこ）　宝物（たからもの）　宝船（たからぶね）
郷（教 167ページ）	キョウ（「良」にしない）　部首：阝（おおざと）	11画	郷里（きょうり）　故郷（こきょう）　郷土（きょうど）　帰郷（ききょう）
敬（教 168ページ）	ケイ・うやまう（はねる）　部首：攵（のぶん・ぼくづくり）	12画	敬語（けいご）　尊敬（そんけい）　敬意（けいい）　先生を敬う（せんせいをうやまう）

「宝」の八画目の「丶」を書き忘（わす）れないようにしよう。

1 読みがなを書きましょう。　28点（一つ4）

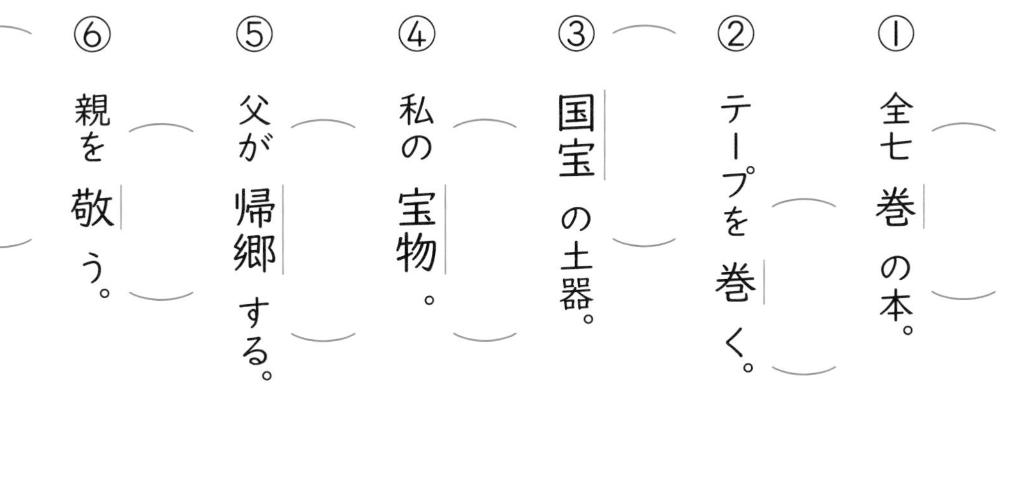

① 全七巻（　）の本。

② テープを巻（　）く。

③ 国宝（　）の土器。

④ 私の宝物（　）。

⑤ 父が帰郷（　）する。

⑥ 親を敬（　）う。

⑦ 尊敬（　）する先生。

教科書 155〜169ページ

裏のページに続くよ！

2 あてはまる漢字を書きましょう。

72点（一つ9）

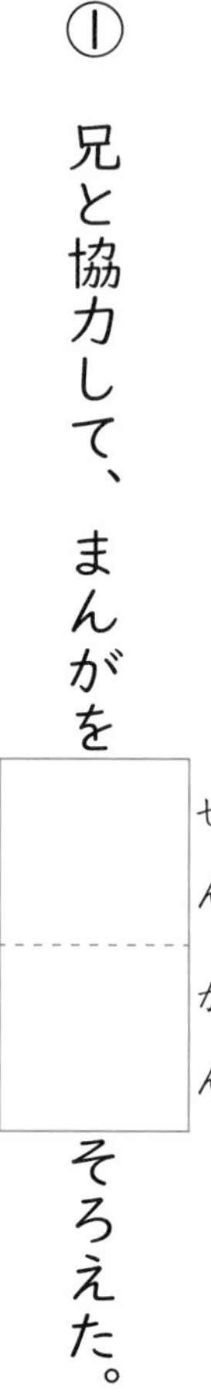
① 兄と協力して、まんがを［ぜんかん］そろえた。

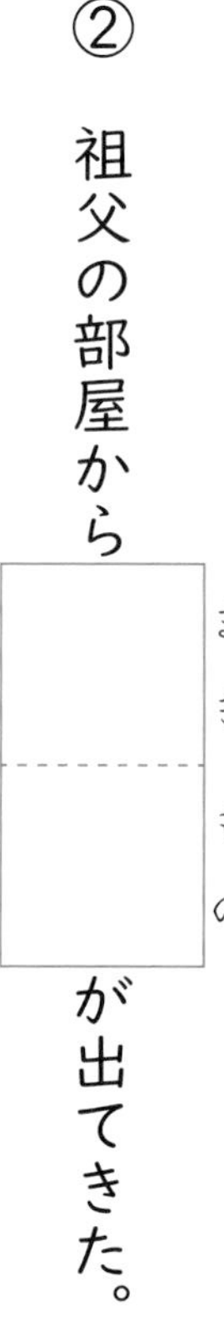
② 祖父の部屋から［まきもの］が出てきた。

③ ［ほうせき］を散りばめた王かんが展示される。

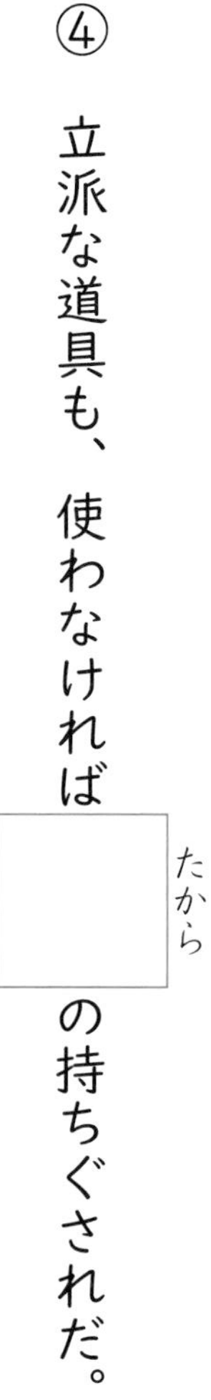
④ 立派な道具も、使わなければ［たから］の持ちぐされだ。

⑤ 遠い異国で、［こきょう］を思う。

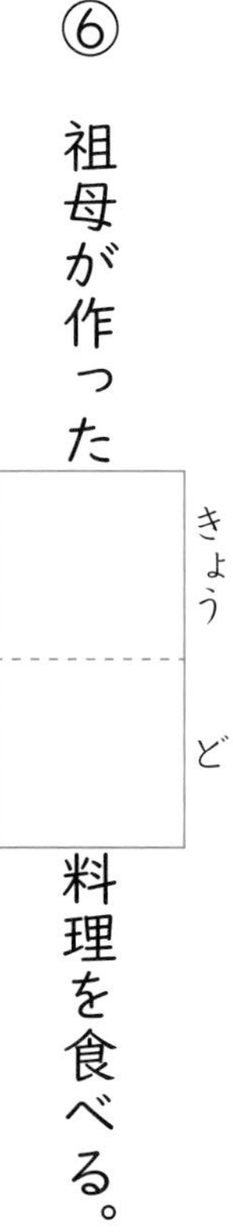
⑥ 祖母が作った［きょうど］料理を食べる。

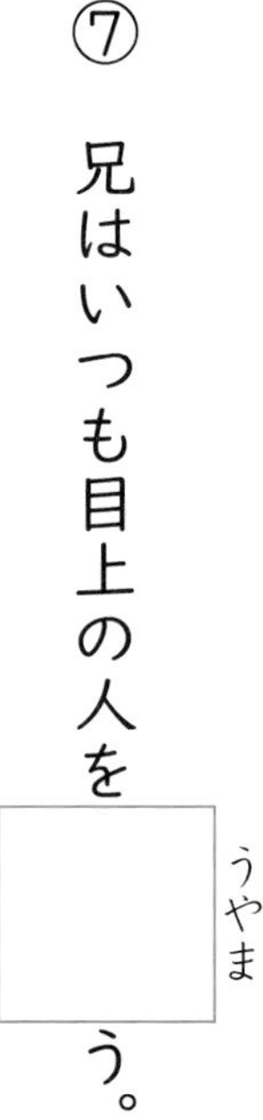
⑦ 兄はいつも目上の人を［うやま］う。

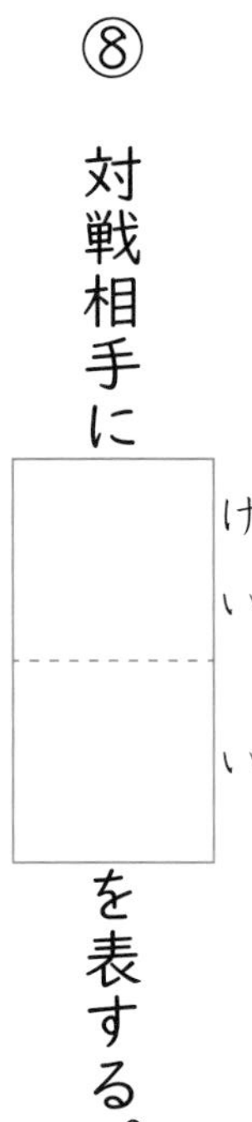
⑧ 対戦相手に［けいい］を表する。

ヒント ❷ ①「かん」、②「まき」の「己」を「巳」と書かないように注意しましょう。

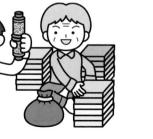

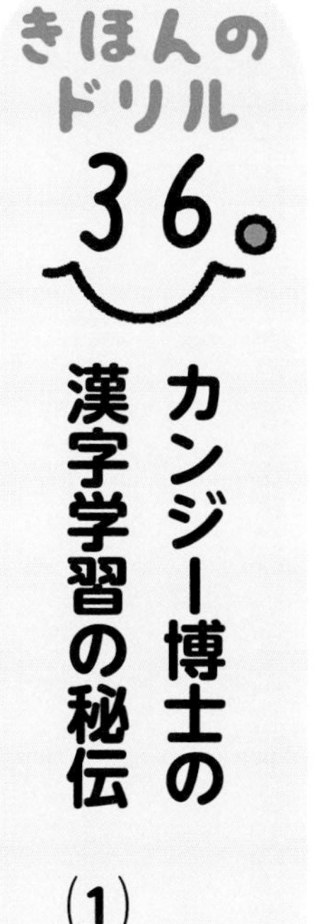

きほんのドリル 36。 カンジー博士の漢字学習の秘伝 (1)

時間 15分　合格80点　/100

答え 102ページ

サクッとこたえあわせ

月　日

書いて覚えよう！

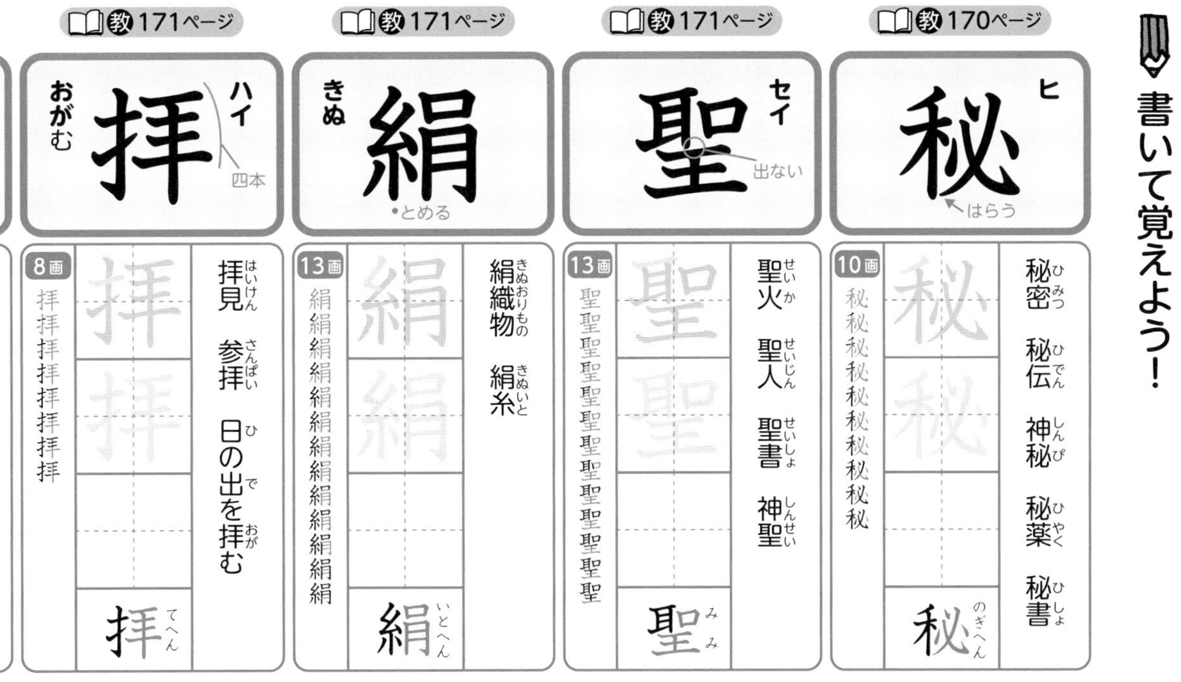

漢字	読み	画数	筆順	部首	言葉	教科書
秘	ヒ	10画	秘秘秘秘秘秘秘秘秘秘	秘（のぎへん）	秘密（ひみつ）　秘伝（ひでん）　神秘（しんぴ）　秘薬（ひやく）　秘書（ひしょ）	教170ページ
聖	セイ	13画	聖聖聖聖聖聖聖聖聖聖聖聖聖	聖（みみ）	聖火（せいか）　聖人（せいじん）　聖書（せいしょ）　神聖（しんせい）	教171ページ
絹	きぬ	13画	絹絹絹絹絹絹絹絹絹絹絹絹絹	絹（いとへん）	絹織物（きぬおりもの）　絹糸（きぬいと）	教171ページ
拝	ハイ　おがむ	8画	拝拝拝拝拝拝拝拝	拝（てへん）	拝見（はいけん）　参拝（さんぱい）　日（ひ）の出（で）を拝（おが）む	教171ページ
鋼	コウ	16画	鋼鋼鋼鋼鋼鋼鋼鋼鋼鋼鋼鋼鋼鋼鋼鋼	鋼（かねへん）	鉄鋼（てっこう）　鋼材（こうざい）　鋼鉄（こうてつ）	教171ページ

秘：はらう　聖：出ない　絹：とめる　拝：四本　鋼：はねる

1 読みがなを書きましょう。

28点（一つ4）

① 秘伝（　）のソース。

② 秘密（　）の話をする。

③ 聖火（　）ランナーになる。

④ 絹（　）の織物。

⑤ 手紙を拝見（　）する。

⑥ 手を合わせて拝（　）む。

⑦ 鉄鋼（　）を加工する。

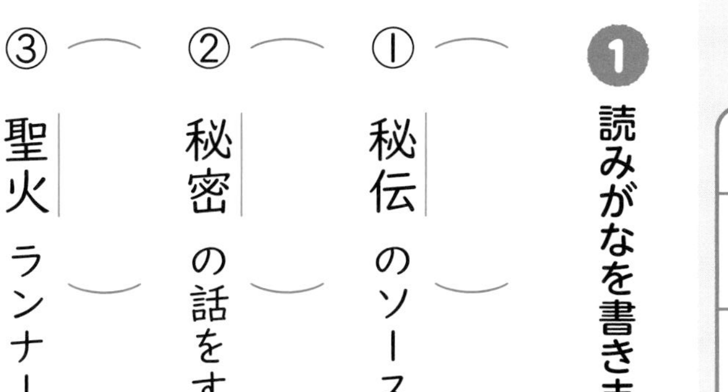

裏のページに続くよ！

教科書 170～171ページ

❷ あてはまる漢字をかきましょう。

72点（一つ9）

① 二人だけの（ひみつ）を守る。

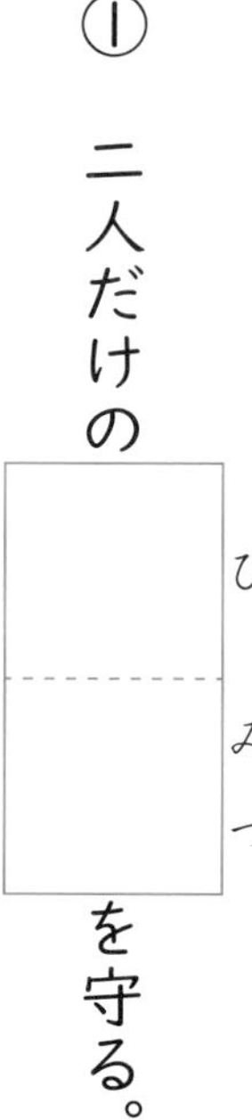

② 政治家の（ひしょ）になる。

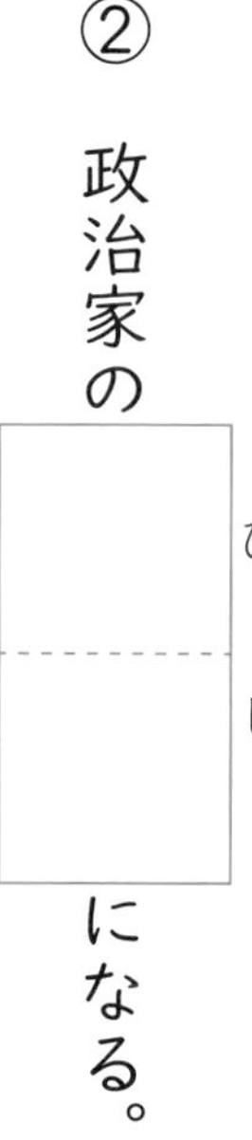

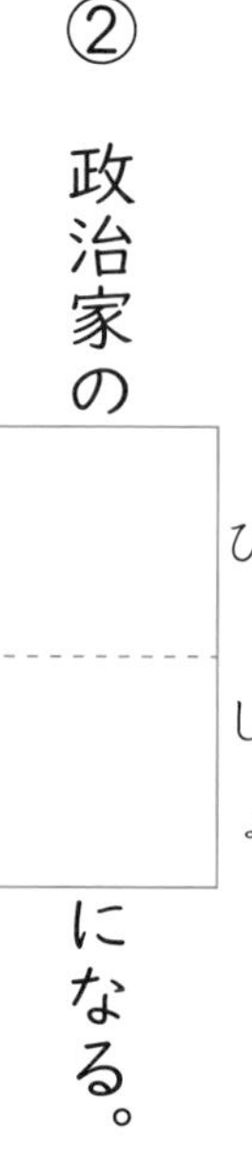

③ これより先は（しんせい）な場所なので、立ち入りは禁止だ。

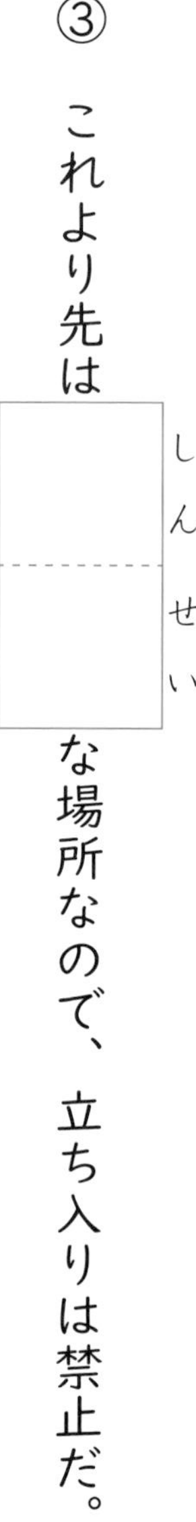

④ （せいじん）君子として名高い歴史上のじんぶつ。

⑤ 母のお気に入りの（きぬ）のスカーフ。

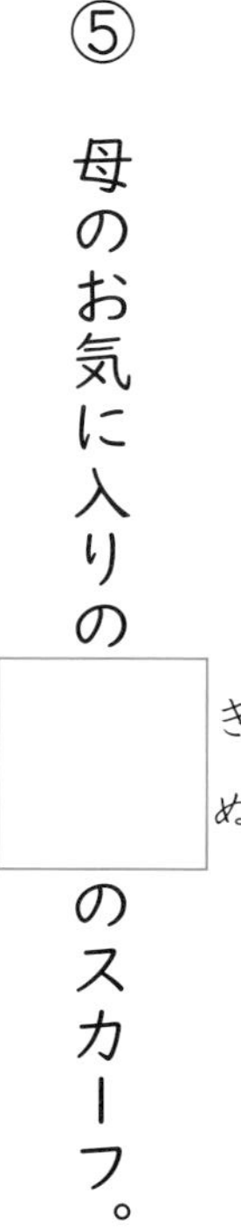

⑥ 山頂で、初日の出を（おが）む。

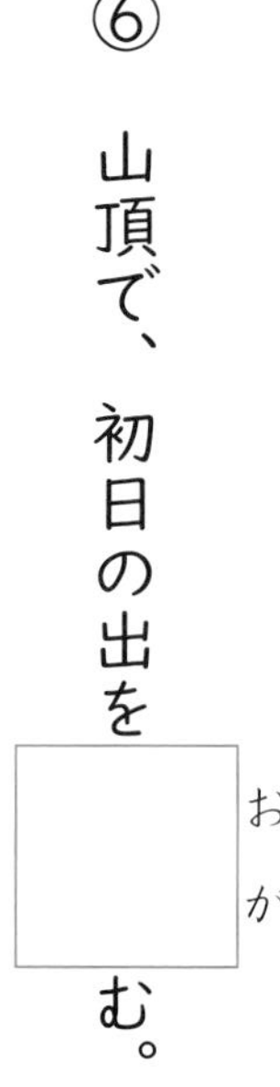

⑥「おが(む)」の右側の横画は四本だよ。

⑦ 初めて東大寺（とうだいじ）に（さんぱい）する。

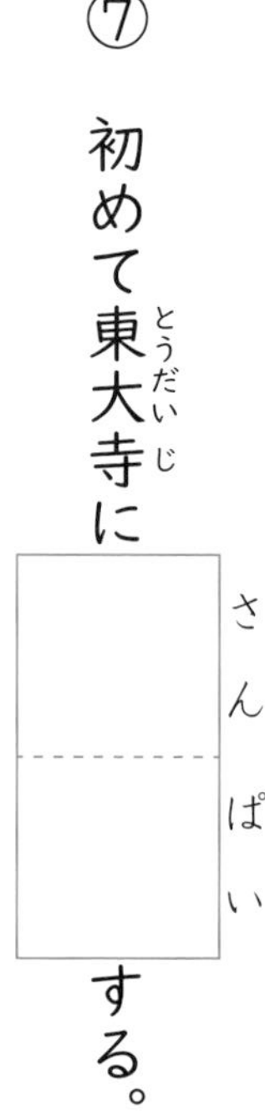

⑧ （てっこう）業が盛んな地域に住む。

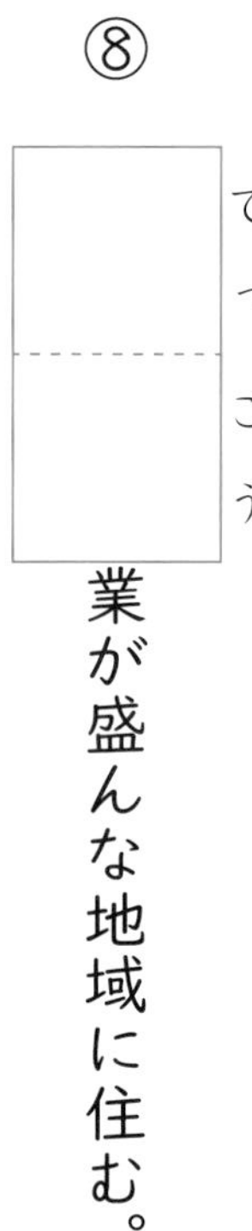

ヒント ❷ ⑧は、同音異義語の「てっ鉱」との使い分けに注意しましょう。

きほんのドリル 37。

カンジー博士の漢字学習の秘伝 (2)

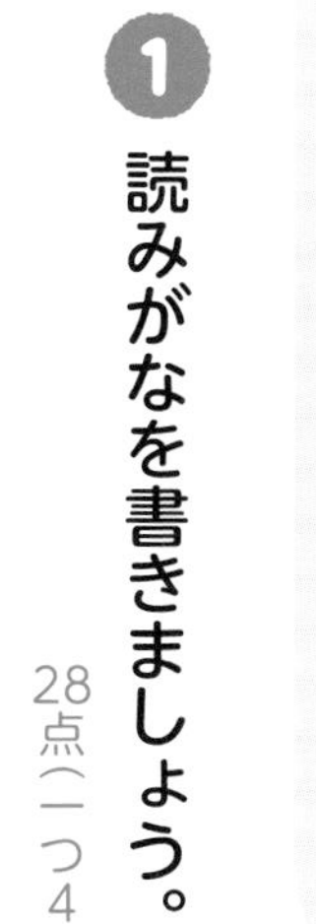

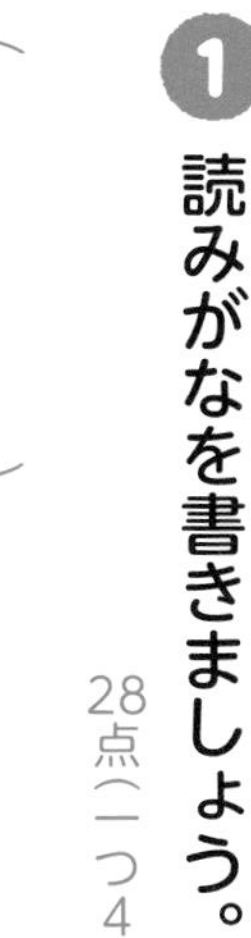

書いて覚えよう！

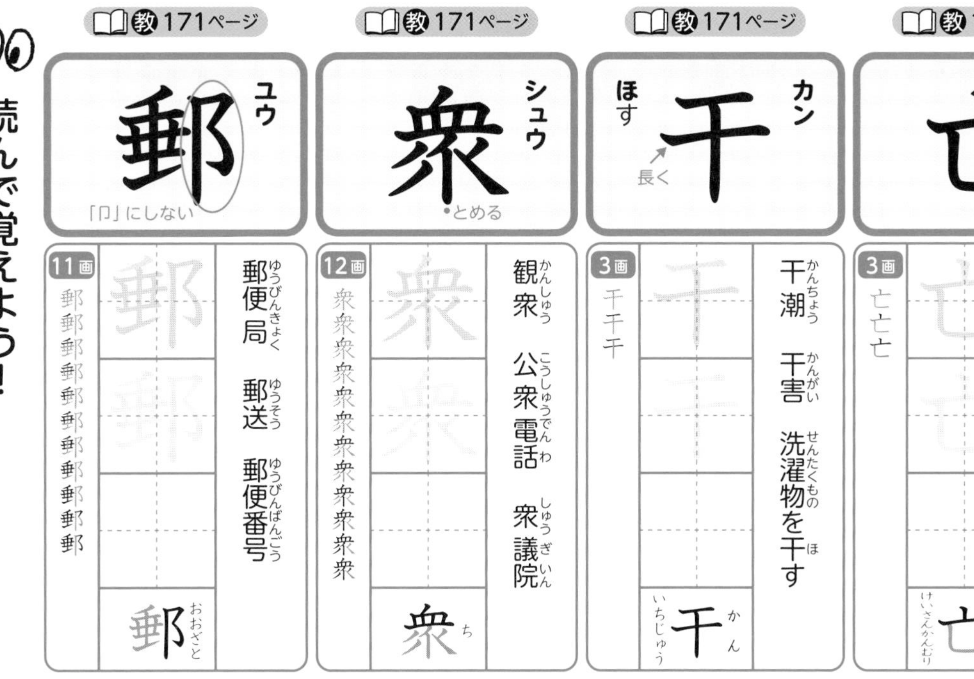

教171ページ 亡 ボウ •とめる
3画 亡亡亡
死亡（しぼう） 亡国（ぼうこく） 亡命（ぼうめい） 存亡（そんぼう）
亡 なべぶた（けいさんかんむり）

教171ページ 干 カン ほす 長く
3画 干干干
干潮（かんちょう） 干害（かんがい） 洗濯物（せんたくもの）を干（ほ）す
干 かん（いちじゅう）

教171ページ 衆 シュウ •とめる
12画 衆衆衆衆衆衆衆衆衆衆衆衆
観衆（かんしゅう） 公衆電話（こうしゅうでんわ） 衆議院（しゅうぎいん）
衆 ち

教171ページ 郵 ユウ 「卩」にしない
11画 郵郵郵郵郵郵郵郵郵郵郵
郵便局（ゆうびんきょく） 郵送（ゆうそう） 郵便番号（ゆうびんばんごう）
郵 おおざと

読んで覚えよう！

●…読み方が新しい漢字

教171ページ 十 ジュウ ジッ（ジュッ） とお と	教171ページ 里 リ さと

1 読みがなを書きましょう。 28点（一つ4）

① 死亡（　　）事故を防ぐ。

② 他国に亡命（　　）する。

③ 梅干（　　）しを食べる。

④ 毛布を干（　　）す。

⑤ 干害（　　）が起こる。

⑥ 観衆（　　）が喜ぶ。

⑦ 郵便局（　　）に行く。

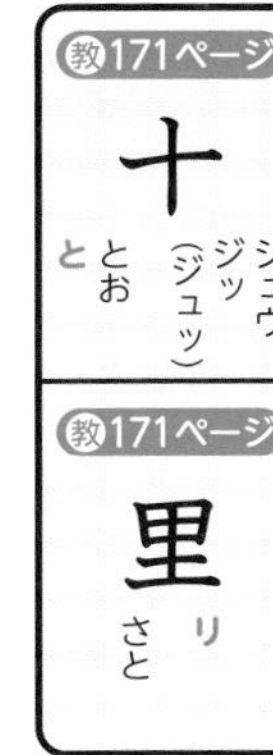

← 裏のページに続くよ！

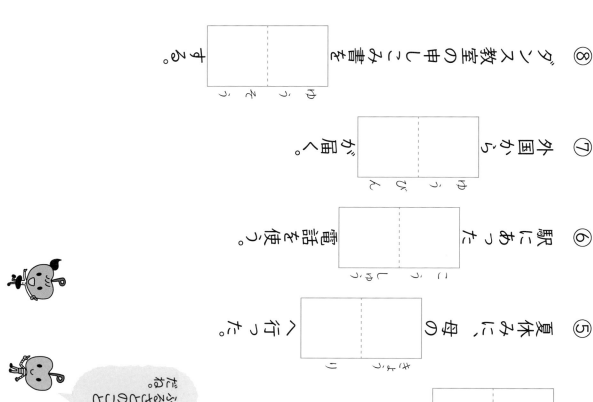

2 あてはまる漢字を書きましょう。

72点（一つ9）

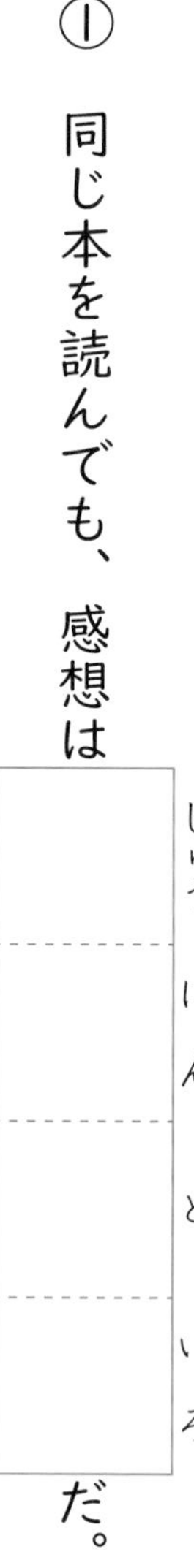
① 同じ本を読んでも、感想は［じゅうにんといろ］だ。

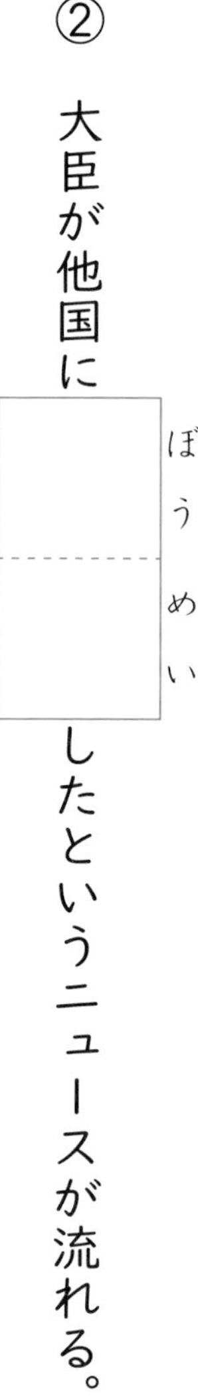
② 大臣が他国に［ぼうめい］したというニュースが流れる。

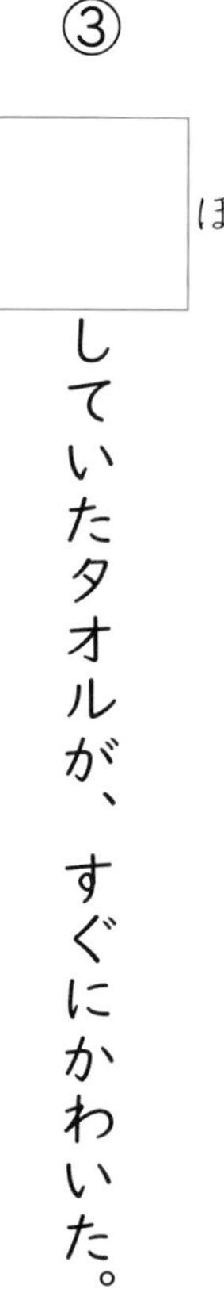
③ ［ほ］していたタオルが、すぐにかわいた。

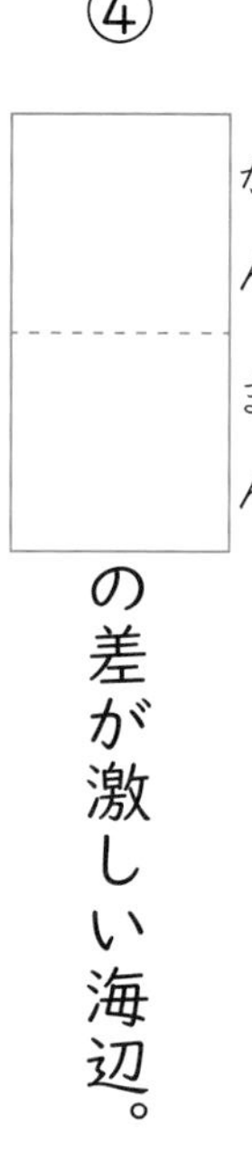
④ ［かんまん］の差が激しい海辺。

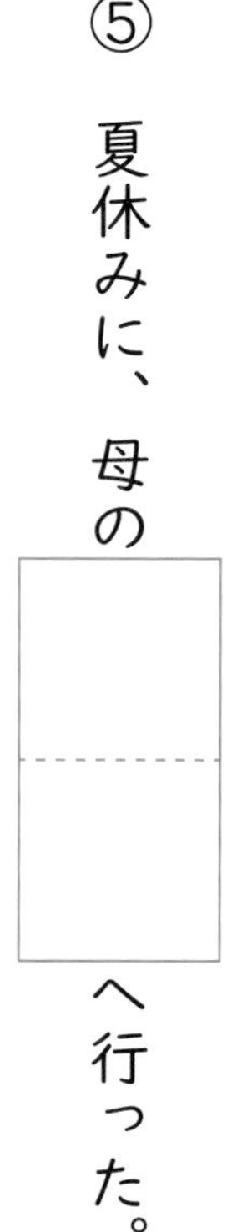
⑤ 夏休みに、母の［きょうり］へ行った。

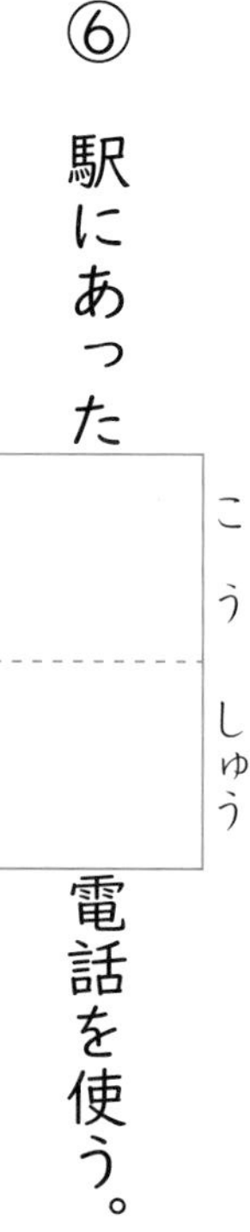
⑥ 駅にあった［こうしゅう］電話を使う。

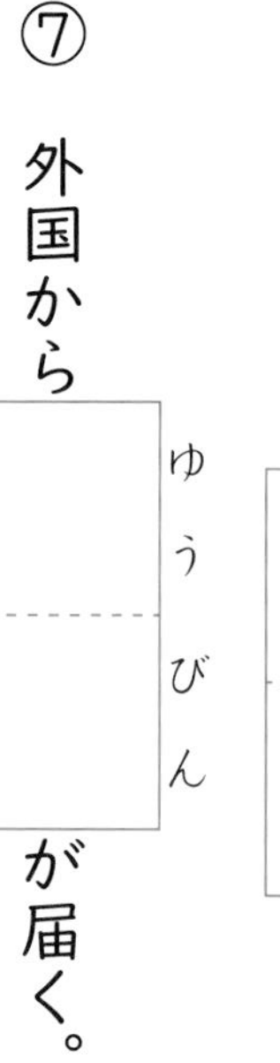
⑦ 外国から［ゆうびん］が届く。

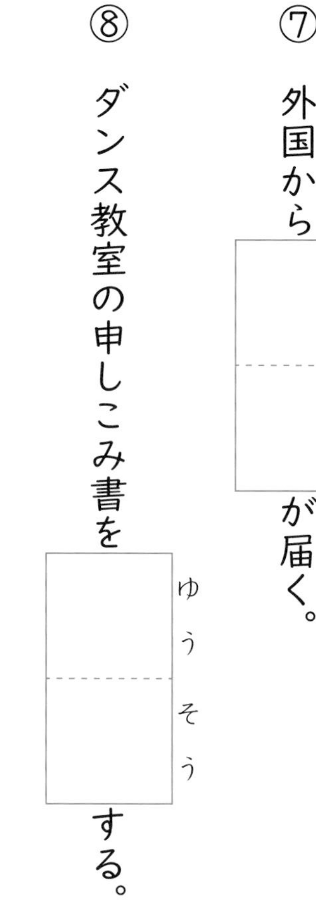
⑧ ダンス教室の申しこみ書を［ゆうそう］する。

ヒント ❷ ③「ほす」、④「かん」を「千」と書かないように注意しましょう。

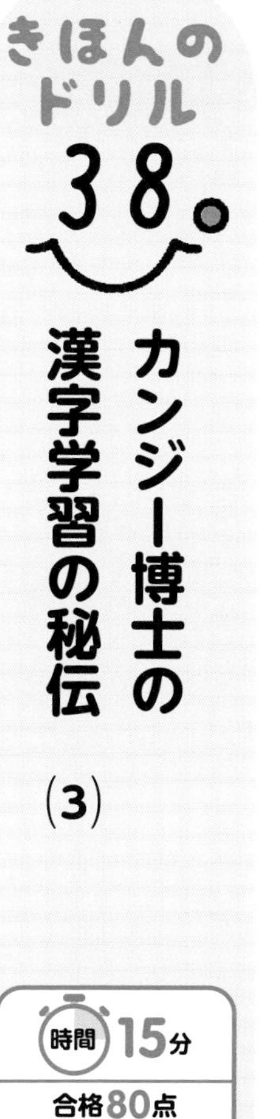

きほんのドリル 38. カンジー博士の漢字学習の秘伝 (3)

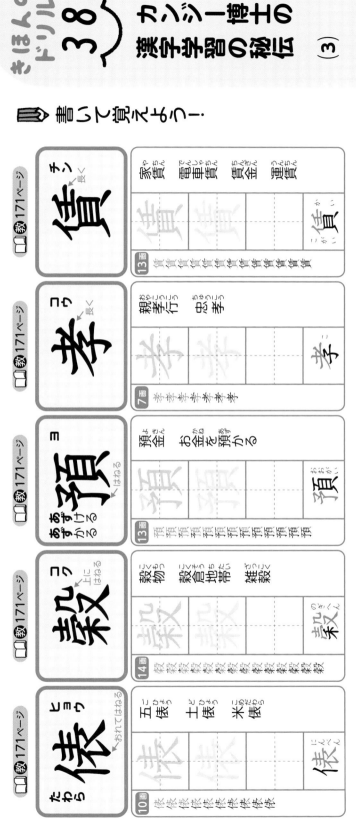

書いて覚えよう！

賃（チン）　教171ページ　13画
家賃（やちん）　電車賃（でんしゃちん）　賃金（ちんぎん）　運賃（うんちん）
貝（こがい）

孝（コウ）　教171ページ　7画
親孝行（おやこうこう）　忠孝（ちゅうこう）
子（こ）

預（ヨ・あずける・あずかる）　教171ページ　13画
預金（よきん）　お金（かね）を預（あず）かる
頁（おおがい）

穀（コク）　教171ページ　14画
穀物（こくもつ）　穀倉地帯（こくそうちたい）　雑穀（ざっこく）
殳（のぎへん）

俵（ヒョウ・たわら）　教171ページ　10画
五俵（ごひょう）　土俵（どひょう）　米俵（こめだわら）
亻（にんべん）

1 読みがなを書きましょう。 28点（一つ4）

① 家賃（　）をはらう。
② 孝行（　）なむすこ。
③ 銀行に 預金（　）する。
④ 荷物を 預（　）ける。
⑤ 穀物（　）を輸出する。
⑥ 米俵（　）を運ぶ。
⑦ 五俵（　）の米だわら。

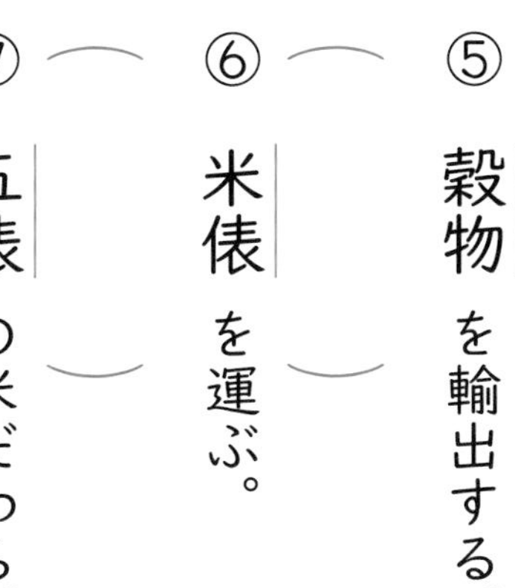

← 裏のページに続くよ！

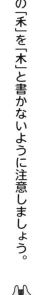

2 あてはまる漢字を書きましょう。

72点（一つ9）

① 目的地までの［うんちん］を調べる。

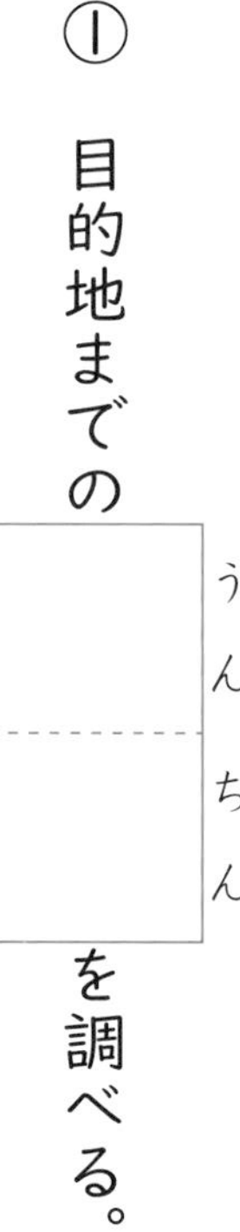

② ［おやこうこう］をほめられて照れる。

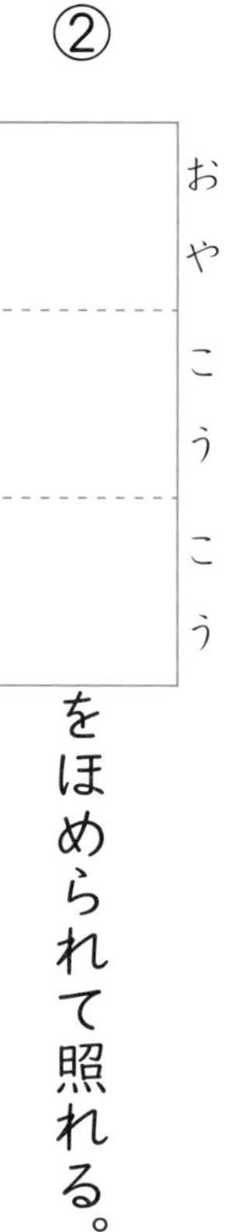

③ 今月のおこづかいを［よきん］する。

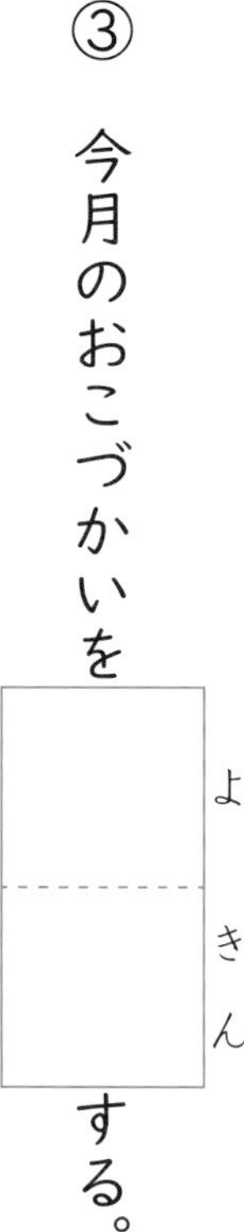

④ おじさんの愛犬を数日［あず］かる。

⑤ この地方は、日本の［こくそう］地帯と呼ばれている。

⑥ ひえやあわなどの［ざっこく］をまぜて、ご飯をたく。

⑦ 店先に［こめだわら］を積み上げる。

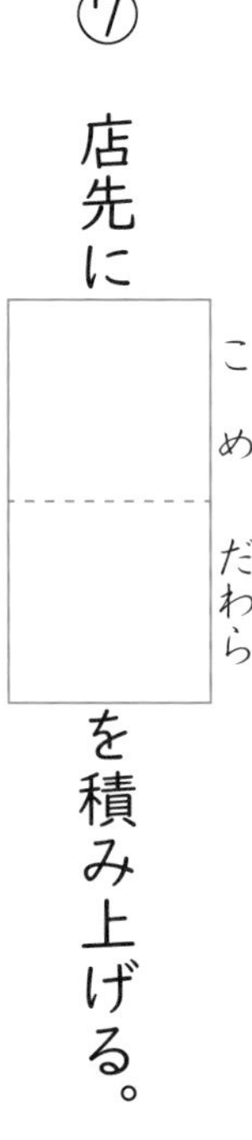

⑧ 力士が［どひょう］に塩をまく。

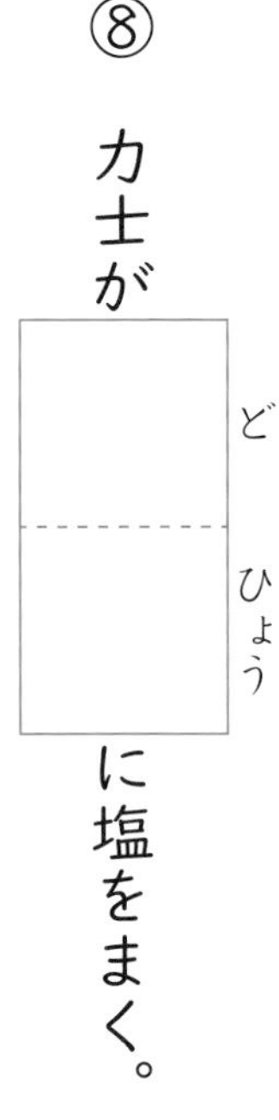

ヒント ❷⑤・⑥「こく」の「禾」を「木」と書かないように注意しましょう。

きほんのドリル 39。

ぼくのブック・ウーマン おすすめパンフレットを作ろう

時間 15分　合格80点　/100

答え 102ページ

月　日

書いて覚えよう！

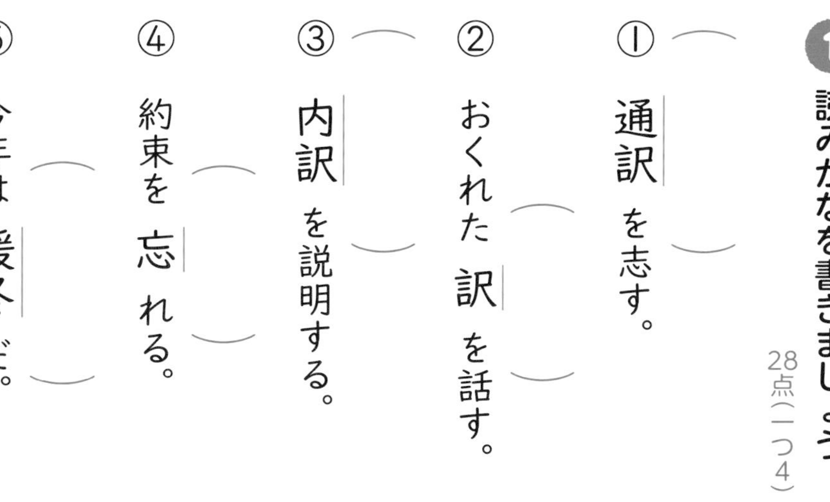

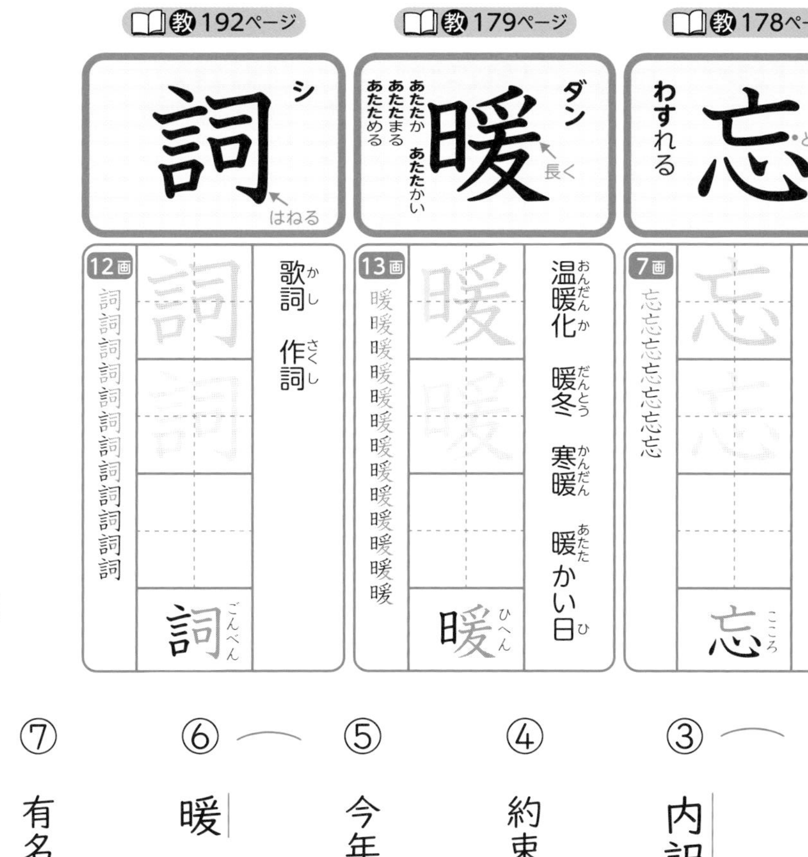

訳（ヤク・わけ）11画　教174ページ　はらう
通訳（つうやく）　訳す（やくす）　言い訳（いいわけ）　内訳（うちわけ）　部首：ごんべん

忘（わすれる）7画　教178ページ　とめる
かさを忘れる（わすれる）　忘れ物（わすれもの）　部首：こころ

暖（ダン・あたたか・あたたかい・あたたまる・あたためる）13画　教179ページ　長く
温暖化（おんだんか）　暖冬（だんとう）　寒暖（かんだん）　暖かい日（あたたかいひ）　部首：ひへん

詞（シ）12画　教192ページ　はねる
歌詞（かし）　作詞（さくし）　部首：ごんべん

「詞」の八画目の「亅」は、はねます。

1 読みがなを書きましょう。28点（一つ4）

① 通訳を志す。（　　）

② おくれた訳を話す。（　　）

③ 内訳を説明する。（　　）

④ 約束を忘れる。（　　）

⑤ 今年は暖冬だ。（　　）

⑥ 暖かい季節になる。（　　）

⑦ 有名な作詞家。（　　）

裏のページに続くよ！

❷ あてはまる漢字を書きましょう。

72点（一つ9）

① 父は、中国語を日本語に［やく］す仕事をしている。

② ちこくした友達が言い［わけ］をする。

③ 学校に教科書を［わす］れて帰ってきてしまった。

④ 日中と夜間の［かん｜だん］の差が大きい。

⑤ ［おん｜だん｜か］のえいきょうで、雨が多くなる。

⑥ ［あたた］かい部屋で、のんびり過ごす。

⑦ このうたは、私が［さく｜し］した。

⑧ 合唱コンクールの曲の［か｜し］を覚える。

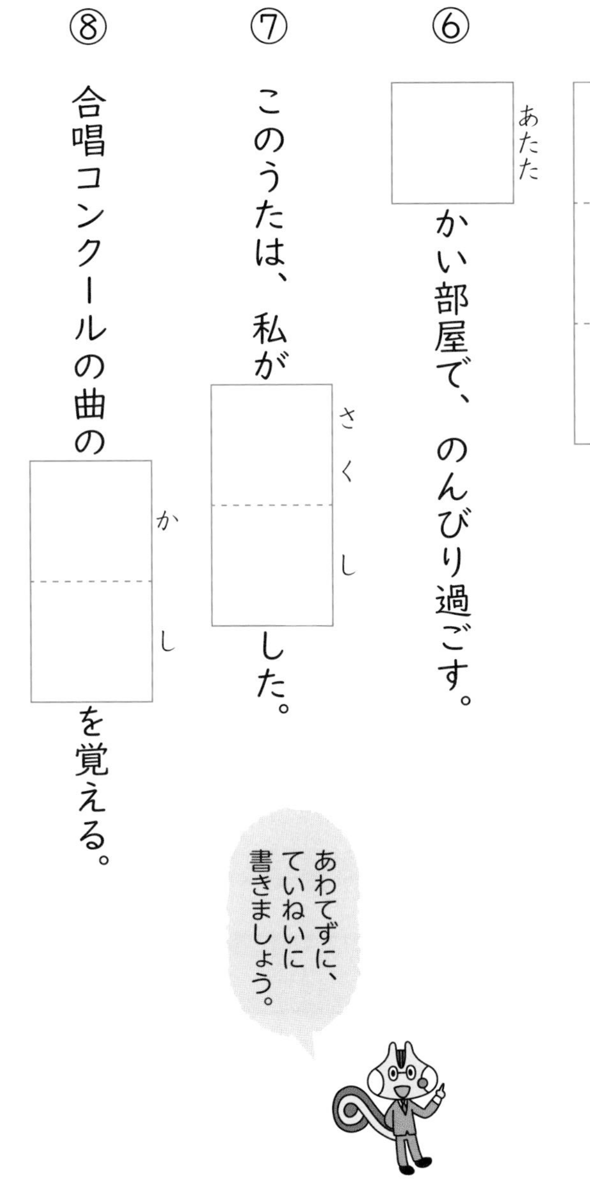

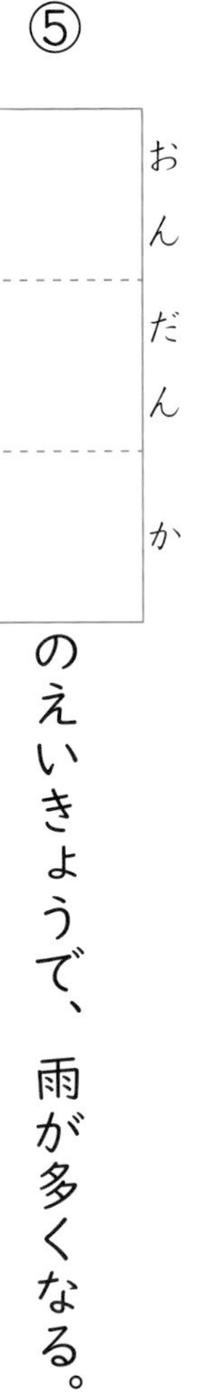

❷ ⑥「あたたかい」は、同じ読み方の漢字「温かい」との使い分けに注意しましょう。

まとめのドリル 40。 みんなで楽しく過ごすために～おすすめパンフレットを作ろう

1 漢字の読みがなを書きましょう。 52点（一つ4）

① オリンピックの 聖火（　　） リレーをテレビで見る。

② 海岸で 巻（　　） き貝を見つけた。

③ 至急（　　） 教室にもどる。

④ 母が 絹（　　） のスカーフをつけて出かける。

⑤ ビルの建設に 鉄鋼（　　） を用いる。

⑥ きたえられた 筋肉（　　） が 盛（　　） り上がっている。

⑦ 卵（　　） に 砂糖（　　） を加えてかき混ぜる。

⑧ 雑穀（　　） が入った 俵（　　） を荷台に積む。

⑨ 班（　　） ごとに決められた曲を 合奏（　　） する。

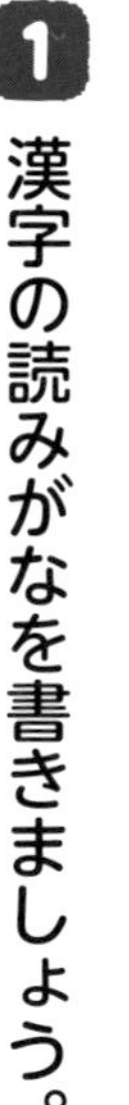

教科書 140～193ページ

← 裏のページに続くよ！

2 あてはまる漢字を書きましょう。〔　〕には漢字と平がなを書きましょう。　48点（一つ4）

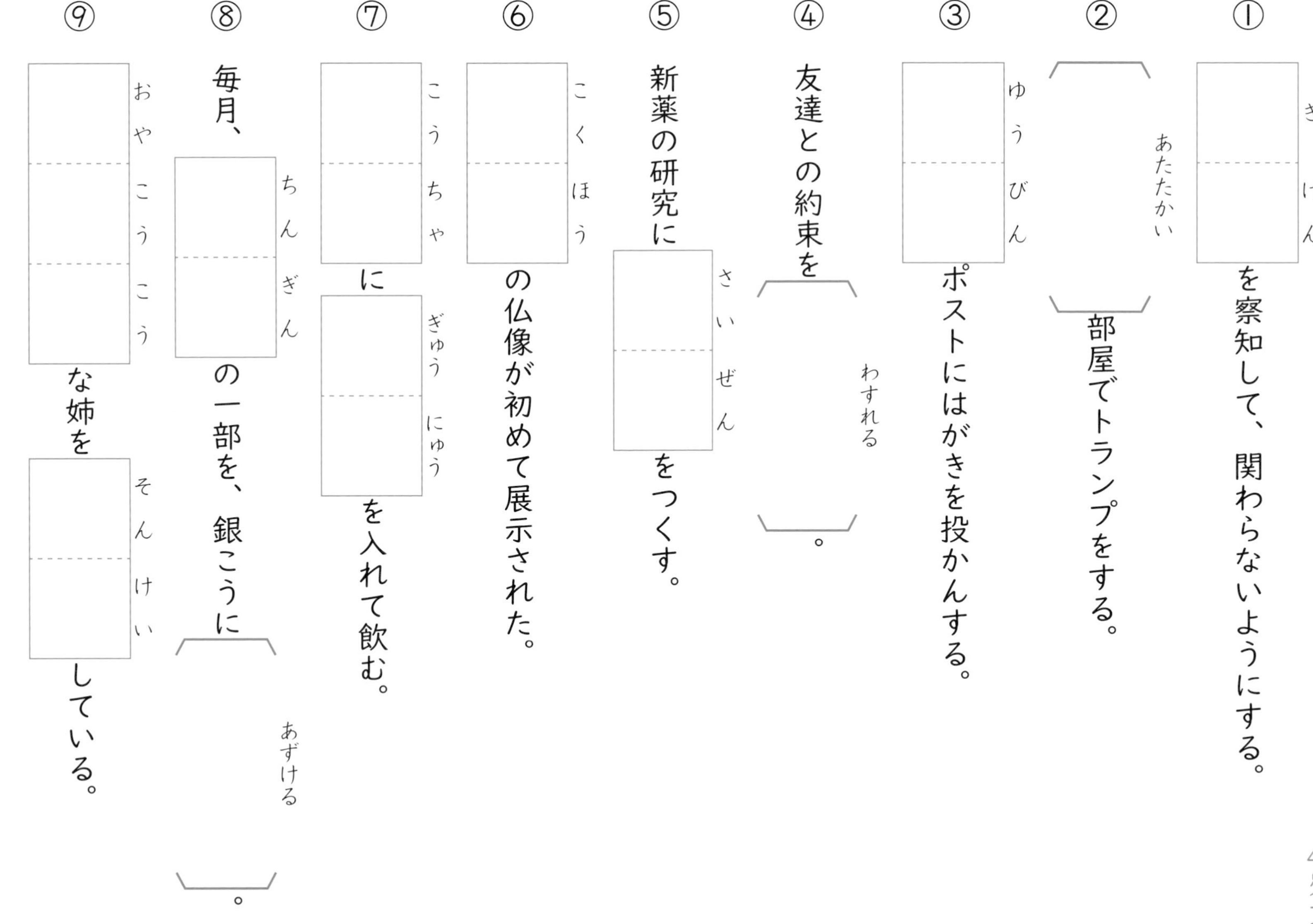

① □□（きけん）を察知して、関わらないようにする。

② 〔　　〕（あたたかい）部屋でトランプをする。

③ □□（ゆうびん）ポストにはがきを投かんする。

④ 友達との約束を〔　　〕（わすれる）。

⑤ 新薬の研究に□□（さいぜん）をつくす。

⑥ □□（こくほう）の仏像が初めて展示された。

⑦ □□（こうちゃ）に□□（ぎゅうにゅう）を入れて飲む。

⑧ 毎月、□□（ちんぎん）の一部を、銀こうに〔　　〕（あずける）。

⑨ □□□（おやこうこう）な姉を□□（そんけい）している。

冬休みのホームテスト

41. 九月から十二月に習った漢字と言葉

時間 20分　合格 80点　／100

サクッとこたえあわせ　答え 103ページ

月　日

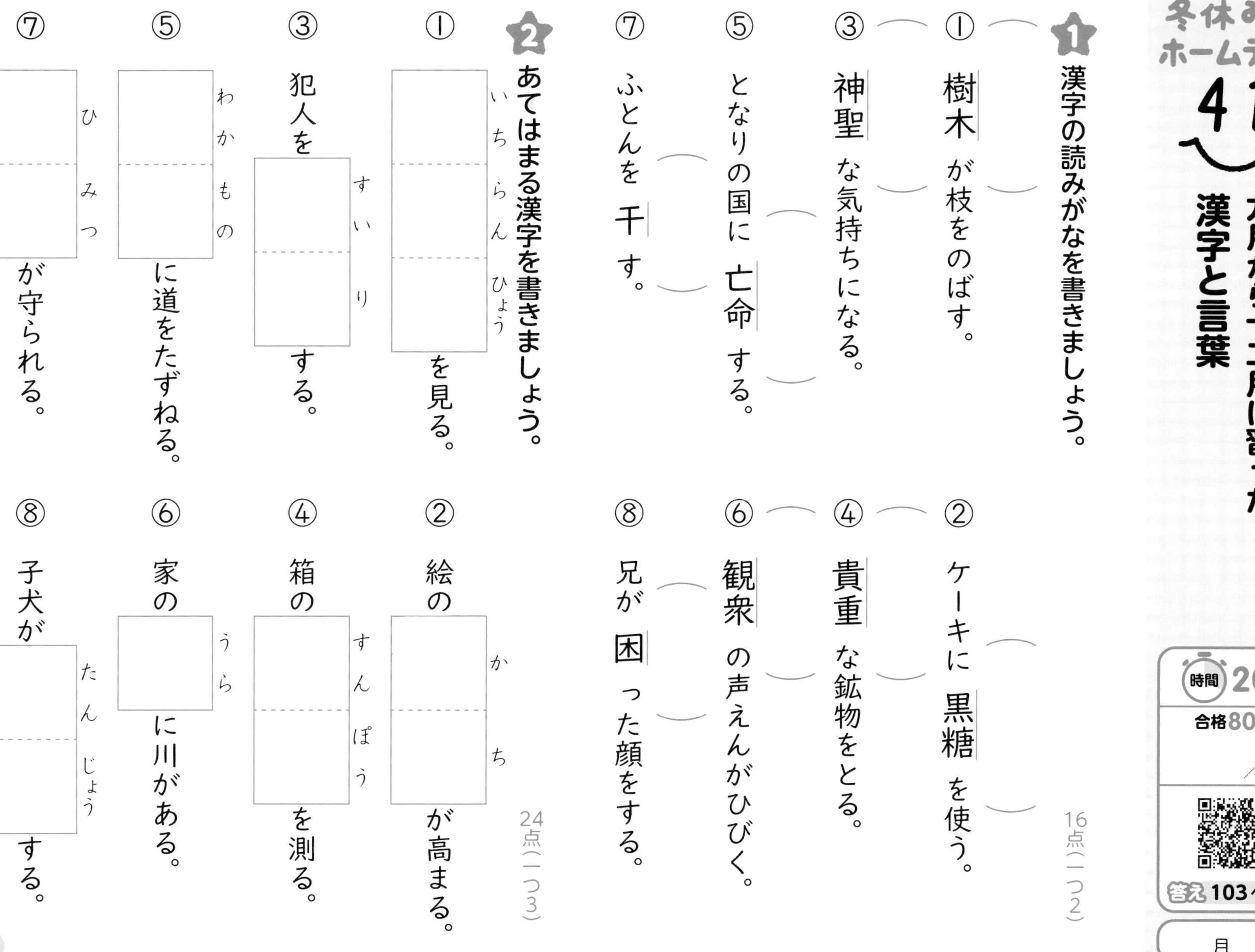

1 漢字の読みがなを書きましょう。 16点（一つ2）

① 樹木（　　）が枝をのばす。

② ケーキに 黒糖（　　）を使う。

③ 神聖（　　）な気持ちになる。

④ 貴重（　　）な鉱物をとる。

⑤ となりの国に 亡命（　　）する。

⑥ 観衆（　　）の声えんがひびく。

⑦ ふとんを 干（　　）す。

⑧ 兄が 困（　　）った顔をする。

2 あてはまる漢字を書きましょう。 24点（一つ3）

① □□□（いちらんひょう）を見る。

② 絵の □□（かち）が高まる。

③ 犯人を □□（すいり）する。

④ 箱の □□（すんぽう）を測る。

⑤ □□（わかもの）に道をたずねる。

⑥ 家の □（うら）に川がある。

⑦ □□（ひみつ）が守られる。

⑧ 子犬が □□（たんじょう）する。

← うらのページに続くよ！

3 次の熟語と組み合わせが同じものを、あとから選んで記号で書きましょう。 16点(一つ4)

① 創造（　　）　② 縦横（　　）

③ 山頂（　　）　④ 預金（　　）

ア 賛否　イ 養蚕　ウ 温泉　エ 忠誠

4 次の文の――線の漢字を、正しく直して書きましょう。 20点(一つ4)

① 祖父の家には、代々伝わる家係図がある。（　　）

② 市民が防犯対作について話し合う。（　　）

③ 試合に勝つには、適の弱点を知ることが重要だ。（　　）

④ 今年の冬は、例年よりも温かくなるらしい。（　　）

⑤ 熱を出した弟を観病するため、母は会社を休んだ。（　　）

5 次の漢字の総画数を漢数字で書き、意味を表す部分のよび名（部首名）をあとから選んで記号で書きましょう。 24点(完答一つ4)

① 縮（　　画・　　）　② 除（　　画・　　）

③ 割（　　画・　　）　④ 敬（　　画・　　）

⑤ 閉（　　画・　　）　⑥ 鋼（　　画・　　）

ア かねへん　イ のぶん　ウ こざとへん　エ いとへん

オ りっとう　カ もんがまえ　キ りっしんべん

きほんのドリル 42。

詩を朗読してしょうかいしよう
知ってほしい、この名言
日本の文字文化

答え 103ページ

書いて覚えよう！

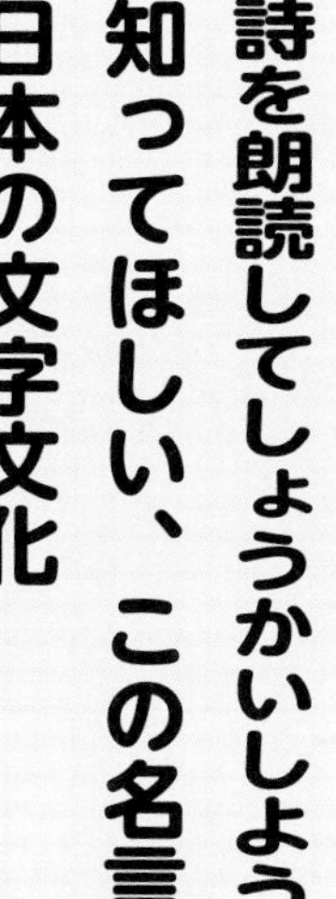

教196ページ
朗（ロウ）　はねる
10画　朗朗朗朗朗朗朗朗朗朗
朗（つき）
朗読（ろうどく）　朗報（ろうほう）　明朗（めいろう）

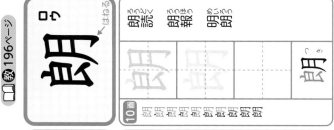

教198ページ
胸（むね・キョウ）　はねる
10画　胸胸胸胸胸胸胸胸胸胸
胸（にくづき）
胸囲（きょうい）　度胸（どきょう）　胸（むね）のおく

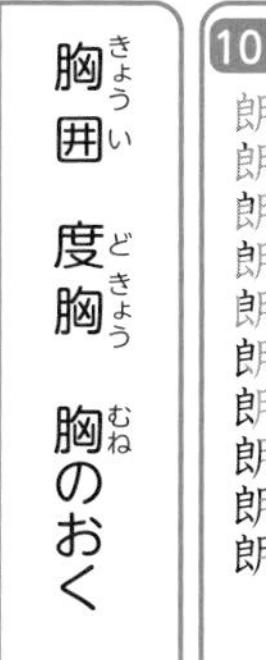

教200ページ
片（かた）　とめる
4画　片片片片
片（かた）
片（かた）づける　片一方（かたいっぽう）　片（かた）すみ

「朗」の「良」は、
「良」ではないので
注意しましょう。

1 読みがなを書きましょう。　28点（一つ4）

① 物語を 朗読（　　） する。

② 朗報（　　） が届く。

③ 胸（　　） の中にためる。

④ 度胸（　　） がある。

⑤ 胸囲（　　） を測る。

⑥ 部屋の 片（　　） すみ。

⑦ 荷物を 片（　　） づける。

裏のページに続くよ！

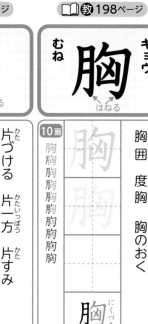

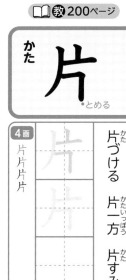

2 あてはまる漢字を書きましょう。

72点（一つ9）

① 名作の［ろうどく］を、ラジオで聞くのが楽しみだ。

② 姉が試験に合格したとの［ろうほう］が入る。

③ ［めいろう］快活な妹が、ふさぎこんでいる。

④ 進学が決まった兄は、希望で［むね］がふくらんでいる。

⑤ 主人公の［きょうちゅう］をおしはかる。

⑥ くつ下が［かたほう］見つからない。

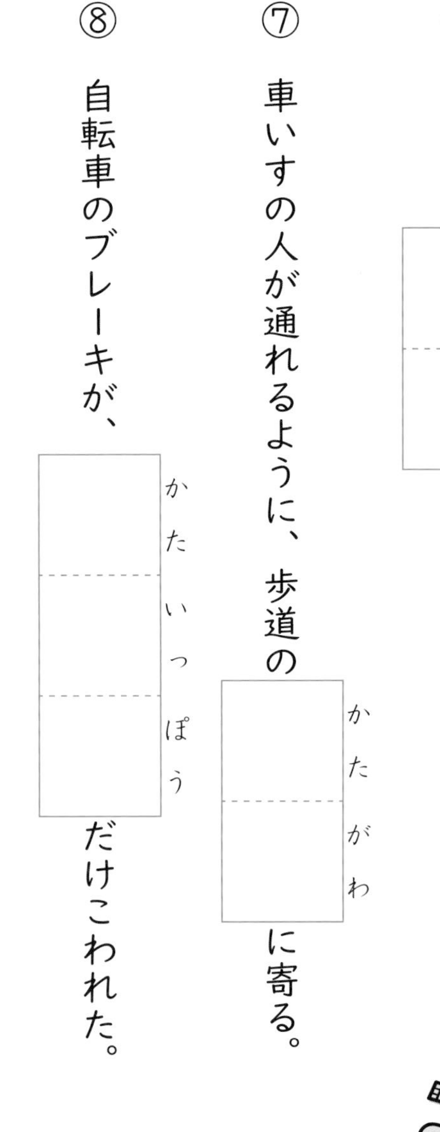

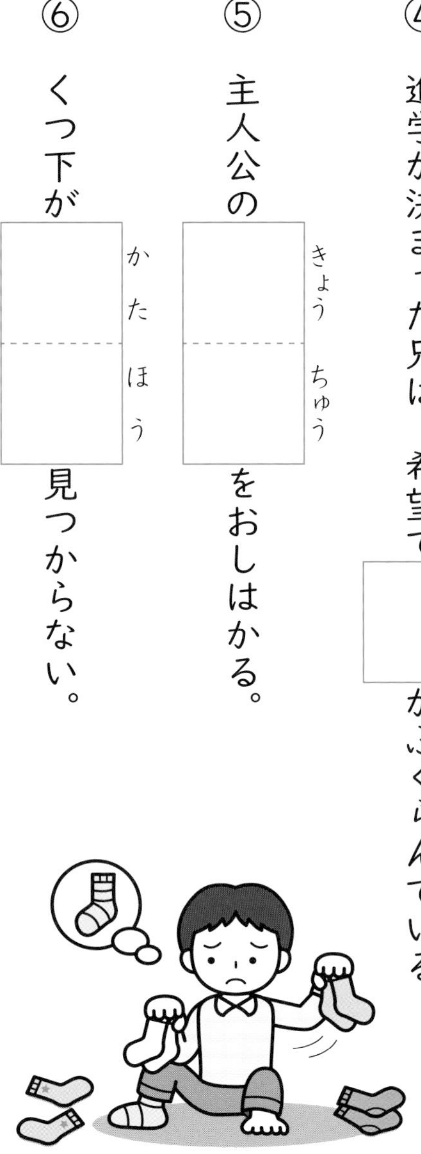

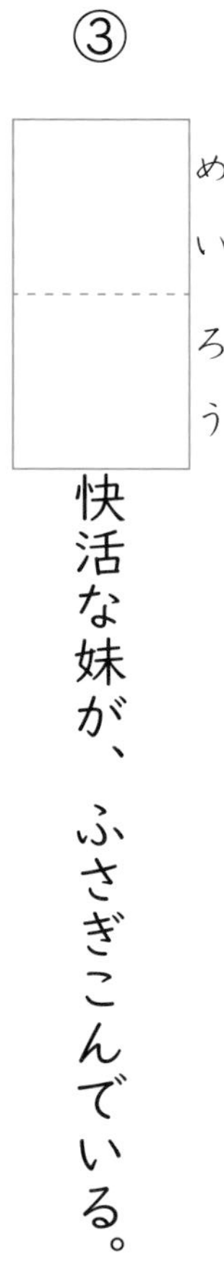

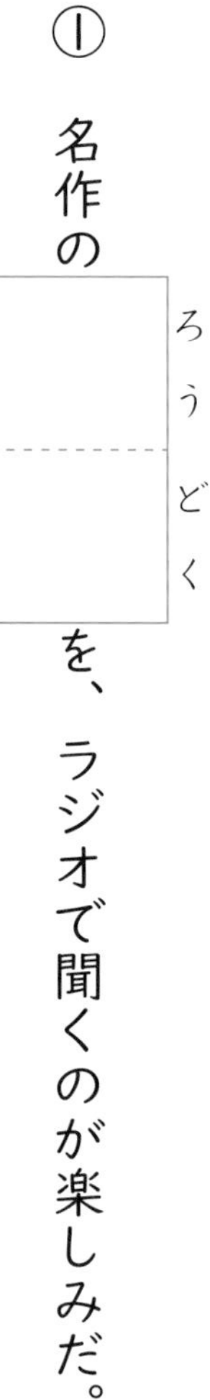

⑦ 車いすの人が通れるように、歩道の［かたがわ］に寄る。

⑧ 自転車のブレーキが、［かたいっぽう］だけこわれた。

ヒント 2 ⑥・⑦・⑧「かた」の四画目は、一筆で書きます。

きほんのドリル 43。

「考える」とは 使える言葉にするために (1)

時間 15分 合格80点 ／100

答え 103ページ

月　日

書いて覚えよう！

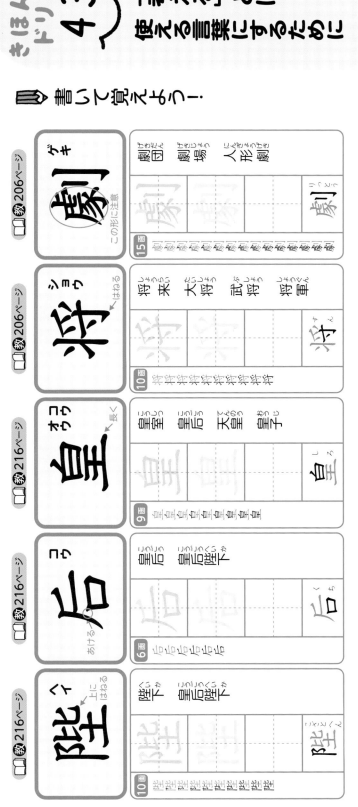

教 206ページ
劇 ゲキ（この形に注意）15画
劇団（げきだん）　劇場（げきじょう）　人形劇（にんぎょうげき）
りっとう

教 206ページ
将 ショウ（はねる）10画
将来（しょうらい）　大将（たいしょう）　武将（ぶしょう）　将軍（しょうぐん）
すん

教 216ページ
皇 コウ オウ（長く）9画
皇室（こうしつ）　皇后（こうごう）　天皇（てんのう）　皇子（おうじ）
しろ

教 216ページ
后 コウ（あける）6画
皇后（こうごう）　皇后陛下（こうごうへいか）
くち

教 216ページ
陛 ヘイ（上にはねる）10画
陛下（へいか）　皇后陛下（こうごうへいか）
こざとへん

1 読みがなを書きましょう。 28点（一つ4）

① 劇団（　　）を作る。

② 人形劇（　　）を見る。

③ 将来（　　）について語る。

④ 天皇（　　）のお言葉。

⑤ 中大兄（なかのおおえの）皇子（　　）

⑥ 皇后（　　）が話される。

⑦ 陛下（　　）が手をふられる。

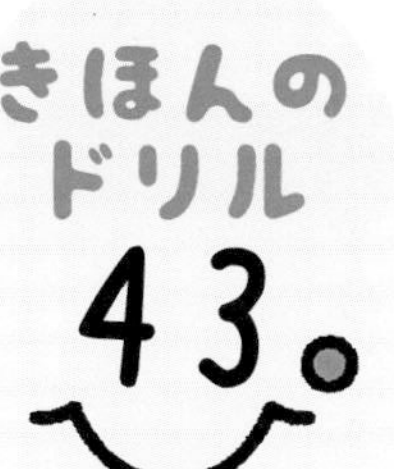

 裏のページに続くよ！

2 あてはまる漢字を書きましょう。

72点（一つ9）

① 体育館で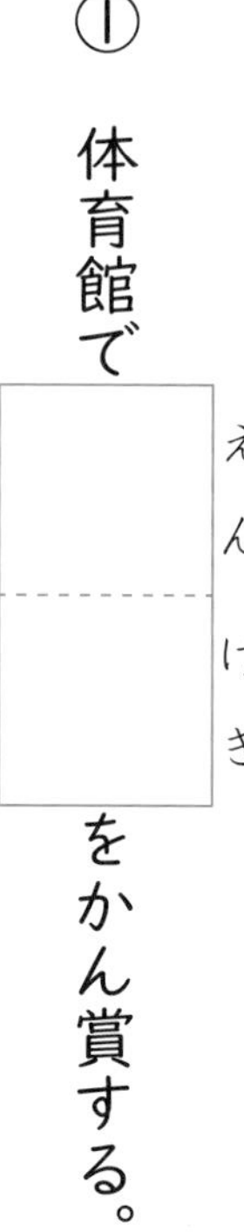（えんげき）をかん賞する。

② 新しい（げきじょう）が完成する。

③ 江戸（えど）幕府の最後の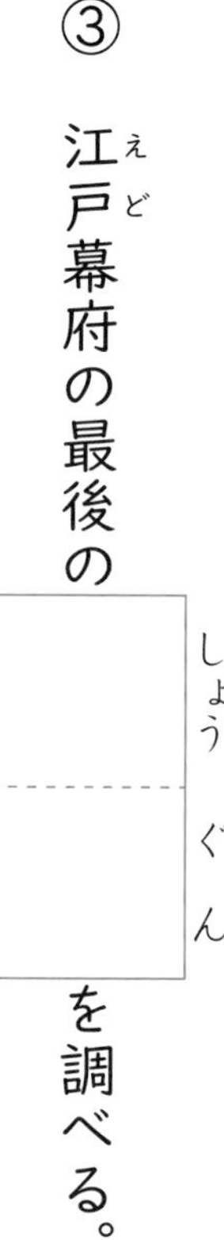（しょうぐん）を調べる。

④ 祖父に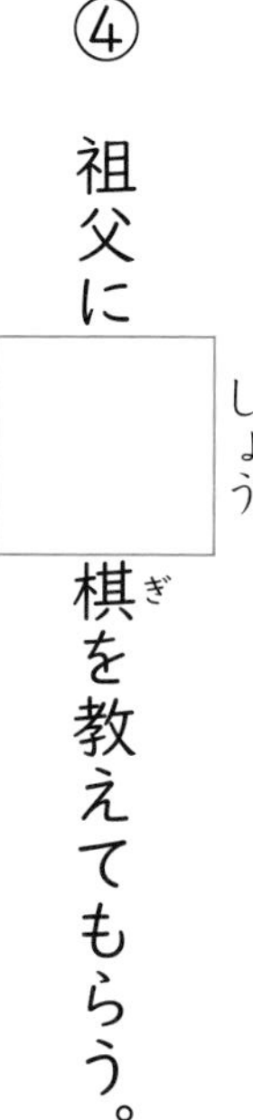（しょう）棋（ぎ）を教えてもらう。

⑤ （てんのう）が外国へ出発される。

⑥ 家族で［　　］（こうきょ）の周辺を歩く。

⑦ ［　　］（こうごうへいか）が手をふられる。

⑧ 両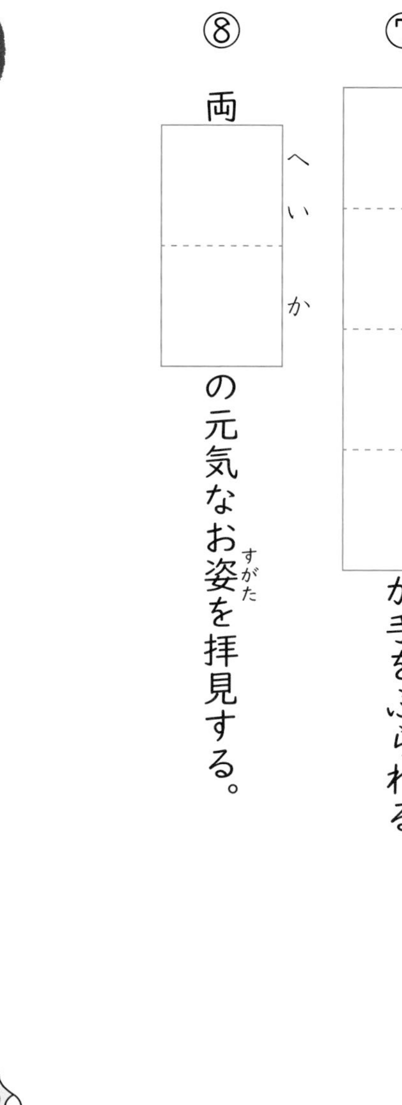（へいか）の元気なお姿（すがた）を拝見する。

書き終わったら、一度見直しをしてみよう。

ヒント ❷⑤「おう（のう）」、⑥・⑦「こう」の「白」を「自」と書かないように注意しましょう。

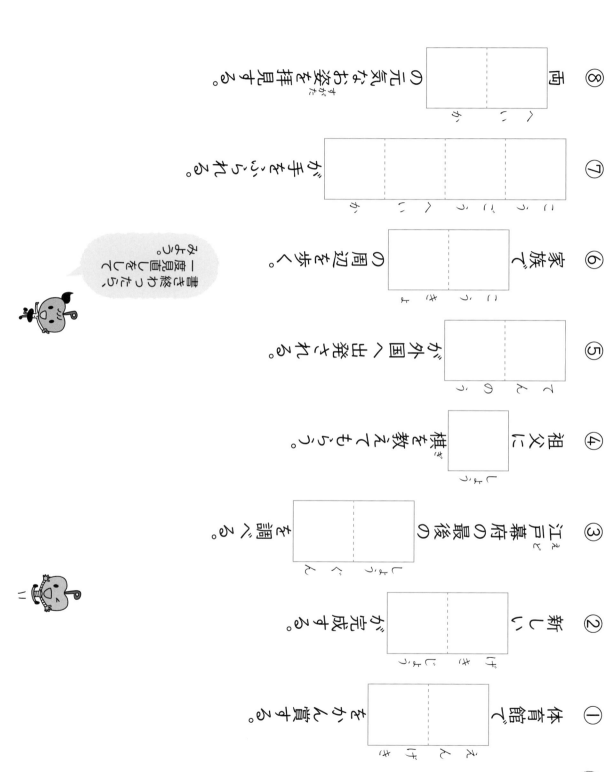

きほんのドリル 44。

使える言葉にするために (2)

月　日

書いて覚えよう！

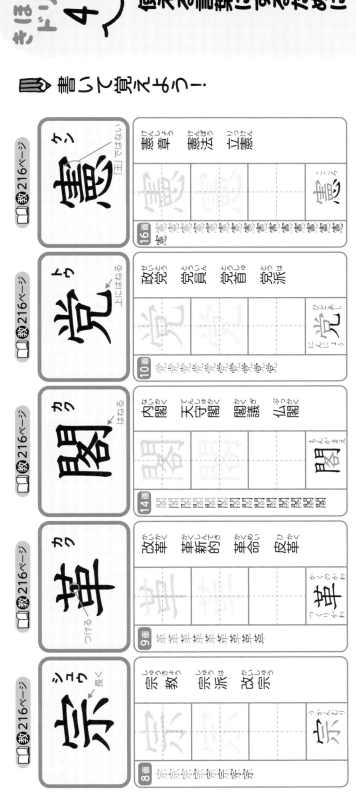

教216ページ
憲 ケン
「王」ではない
16画
憲章（けんしょう）　憲法（けんぽう）　立憲（りっけん）
憲（こころ）

教216ページ
党 トウ
上にはねる
10画
政党（せいとう）　党員（とういん）　党首（とうしゅ）　党派（とうは）
党（ひとあし・にんにょう）

教216ページ
閣 カク
はねる
14画
内閣（ないかく）　天守閣（てんしゅかく）　閣議（かくぎ）　仏閣（ぶっかく）
閣（もんがまえ）

教216ページ
革 カク
つける
9画
改革（かいかく）　革新的（かくしんてき）　革命（かくめい）　皮革（ひかく）
革（かくのかわ・つくりがわ）

教216ページ
宗 シュウ
長く
8画
宗教（しゅうきょう）　宗派（しゅうは）　改宗（かいしゅう）
宗（うかんむり）

1 読みがなを書きましょう。 28点（一つ4）

① 日本国 憲法（　　）
② 政党（　　）が変わる。
③ 党首（　　）と討論（とう）する。
④ 新しい 内閣（　　）。
⑤ 閣議（　　）で決定する。
⑥ 制度を 改革（　　）する。
⑦ いろいろな 宗教（　　）。

裏のページに続くよ！

72点（一つ9）

2 あてはまる漢字を書きましょう。

① [けんぽう]記念日は五月三日だ。

② 児童[けんしょう]についての話を聞く。

③ 父は、支持している[せいとう]の演説会に行った。

④ 総理大臣の提案に、[やとう]が反対する。

⑤ 社会の授業で、[ないかく]の仕組みについて学ぶ。

⑥ [てんしゅかく]から町を一望する。

⑦ 昔、ヨーロッパで[かくめい]が起こった。

⑧ 仏教には、いくつかの[しゅうは]がある。

ヒント ２ ③・④「とう」の「う」を「っ」と書かないように注意しましょう。

使える言葉にするために（3）

時間 15分　合格80点　／100

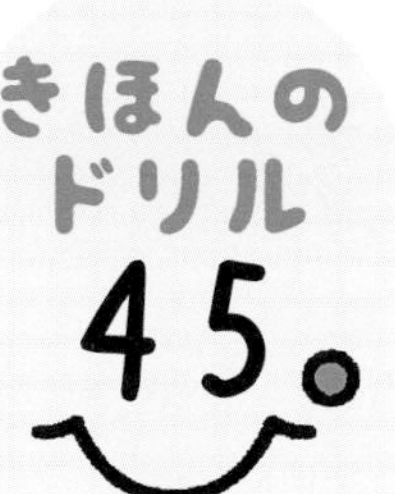

答え 103ページ

月　日

書いて覚えよう！

教216ページ
垂　スイ　たれる　たらす　（出る）
8画　垂垂垂垂垂垂垂垂
垂直（すいちょく）　垂（た）れ下（さ）がる
垂（つち）

教216ページ
層　ソウ　（「ツ」としない）
14画　層層層層層層層層層層層層層層
地層（ちそう）　高層建築（こうそうけんちく）　層雲（そううん）　断層（だんそう）
層（しかばね・かばね）

教216ページ
磁　ジ　（つける）
14画　磁磁磁磁磁磁磁磁磁磁磁磁磁磁
電磁石（でんじしゃく）　磁力（じりょく）　磁器（じき）
磁（いしへん）

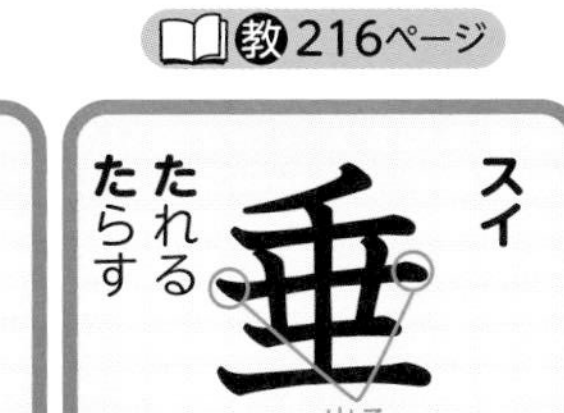

「垂」は、一～七画までの筆順に気をつけましょう。

読んで覚えよう！

●…読み方が新しい漢字

教216ページ
石　セキ　シャク　いし

1 読みがなを書きましょう。　28点（一つ4）

①（　　）垂直に立てる。

② 枝に（　　）垂れ下がる。

③ ロープを（　　）垂らす。

④（　　）地層を調べる。

⑤（　　）高層ビルが並ぶ。

⑥（　　）電磁石を使う。

⑦（　　）磁気を帯びる。

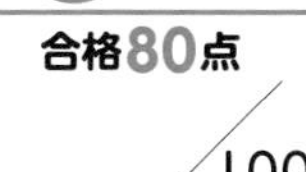

裏のページに続くよ！

2 あてはまる漢字を書きましょう。

72点（一つ9）

① がけが［すい］［ちょく］に切り立っている。

② フライパンに油を［た］らす。

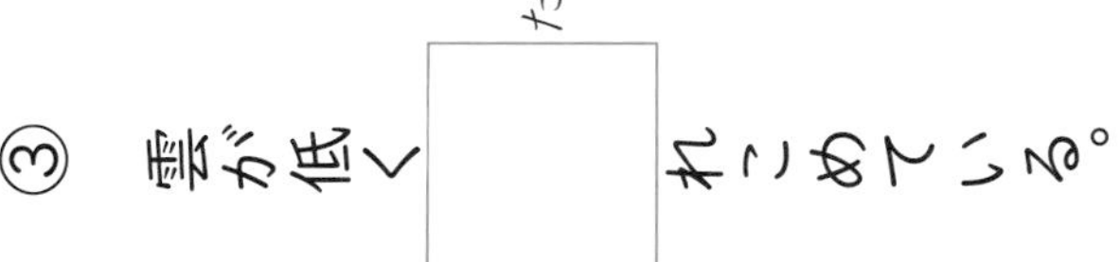

③ 雲が低く［た］れこめている。

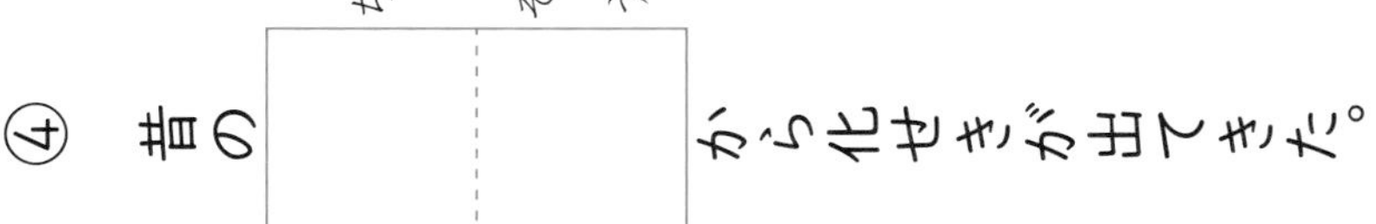

④ 昔の［ち］［そう］から化せきが出てきた。

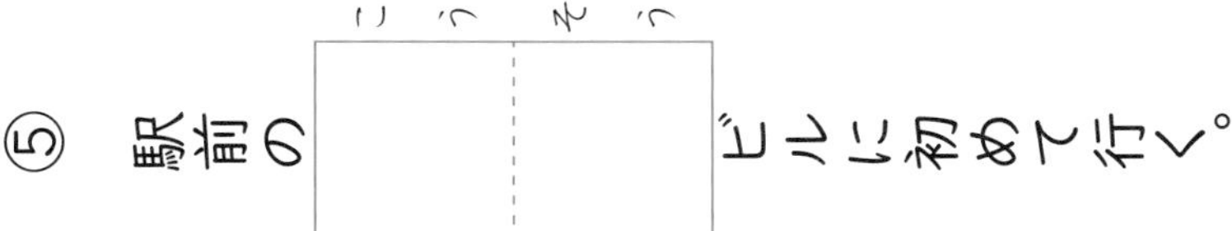

⑤ 駅前の［こう］［そう］ビルに初めて行く。

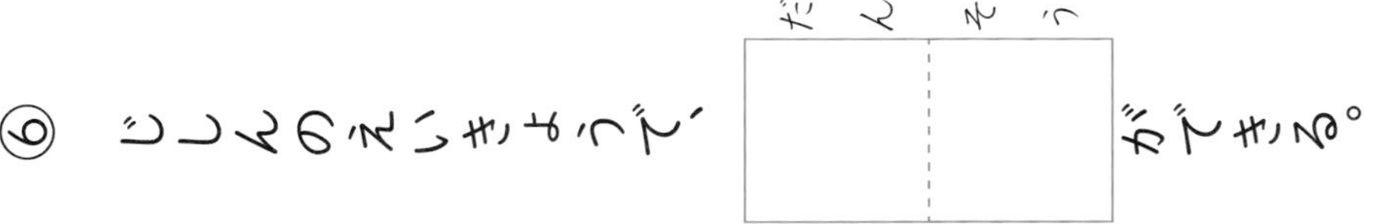

⑥ じしんのえいきょうで、［だん］［そう］ができる。

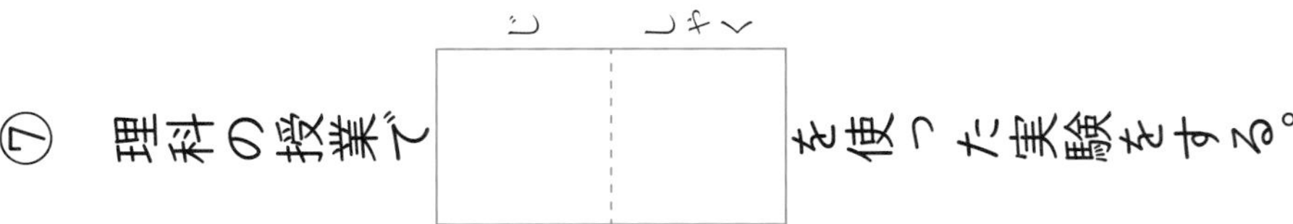

⑦ 理科の授業で［じ］［しゃく］を使った実験をする。

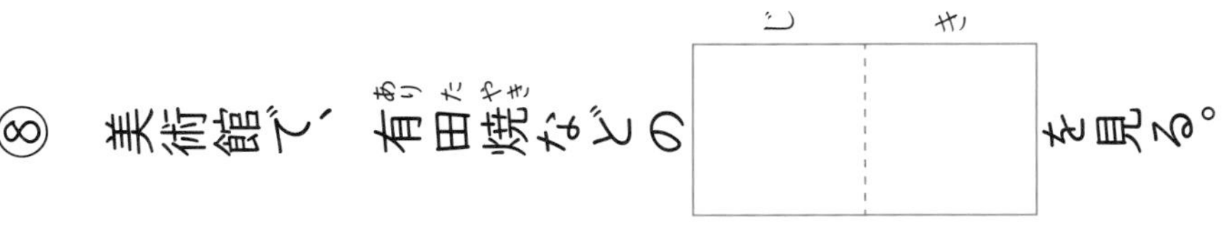

⑧ 美術館で、有田焼（ありたやき）などの［じ］［き］を見る。

ヒント 2 ⑧「じき」は、同じ「じ」を使った同音異義語の「じ気」との使い分けに注意しましょう。

きほんのドリル 46。 大切にしたい言葉

時間 15分　合格80点　/100

答え 103ページ

サクッとこたえあわせ

月　日

書いて覚えよう！

教222ページ
操 ソウ　（とめる）
16画
操作（そうさ）　体操（たいそう）　操縦（そうじゅう）　節操（せっそう）
てへん

教222ページ
補 ホ　おぎなう　（はねる）
12画
補強（ほきょう）　補足（ほそく）　言葉（ことば）を補（おぎな）う
ころもへん

教224ページ
担 タン　（「且」にしない）
8画
担当（たんとう）　負担（ふたん）　分担（ぶんたん）　担任（たんにん）
てへん

教225ページ
姿 シ　すがた　（とめる）
9画
姿勢（しせい）　容姿（ようし）　自分（じぶん）の姿（すがた）
おんな

「担」の「旦」を「且」としないように注意しましょう。

1 読みがなを書きましょう。 28点（一つ4）

① 準備 体操（　　）をする。

② 機械を 操作（　　）する。

③ 補強（　　）工事を急ぐ。

④ 不足分を 補（　　）う。

⑤ 記事を 担当（　　）する。

⑥ パジャマ 姿（　　）で過ごす。

⑦ 姿勢（　　）を正す。

裏のページに続くよ！

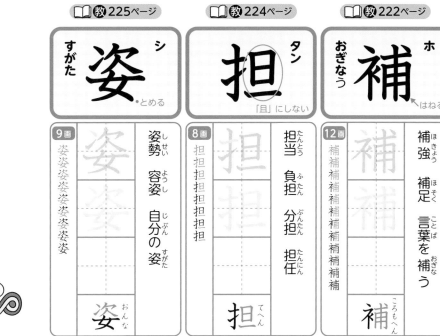

2 あてはまる漢字を書きましょう。

72点（一つ9）

① 大型の機械を［そうさ］する。

② 祖父は漁船を［そうじゅう］する。

③ 友達が児童会の会長に［りっこうほ］する。

④ 弟の説明を、兄が［おぎな］う。

⑤ 五年生のときの［たんにん］の先生と、久しぶりに話す。

⑥ 親の［ふたん］を軽くするために、手伝いをする。

⑦ デパートで同級生の［すがた］を見かける。

⑧ ［ようし］の似た兄弟。

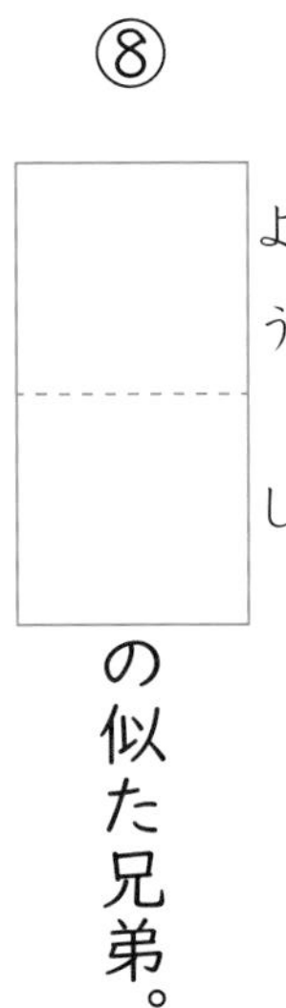

ヒント ❷ ③「ほ」、④「おぎなう」の十二画目の「丶」を忘れないように注意しましょう。

今、私は、ぼくは
海の命（1）

答え104ページ

月　日

書いて覚えよう！

討	専	潮	針	穴
教228ページ	教228ページ	教232ページ	教235ページ	教240ページ
トウ	セン	チョウ　しお	シン　はり	あな
はねる	はねる	とめる	とめる	つける
討論会（とうろんかい）　検討（けんとう）　討議（とうぎ）	専用（せんよう）　専門家（せんもんか）　専念（せんねん）　専業（せんぎょう）	風潮（ふうちょう）　潮流（ちょうりゅう）　満ち潮（みちしお）　潮風（しおかぜ）	方針（ほうしん）　秒針（びょうしん）　つり針（つりばり）　針金（はりがね）	大きな穴（おおきなあな）　穴場（あなば）　節穴（ふしあな）
言（ごんべん）	寸（すん）	氵（さんずい）	金（かねへん）	穴（あな）
10画	9画	15画	10画	5画

1 読みがなを書きましょう。　28点（一つ4）

① 問題を 検討（　　） する。

② 専属（　　） のモデル。

③ クジラが 潮（　　） をふく。

④ 社会の 風潮（　　）。

⑤ さおとつり 針（　　）。

⑥ 時計の 秒針（　　）。

⑦ くつ下に 穴（　　） があく。

教科書 226～246ページ

裏のページに続くよ！

2 あてはまる漢字を書きましょう。

72点（一つ9）

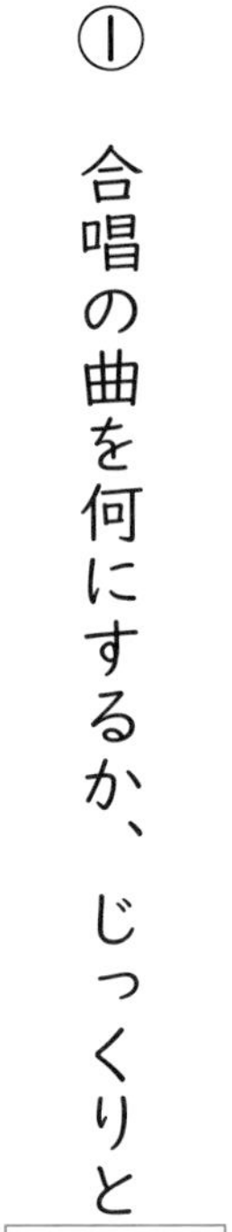
① 合唱の曲を何にするか、じっくりと［けんとう］する。

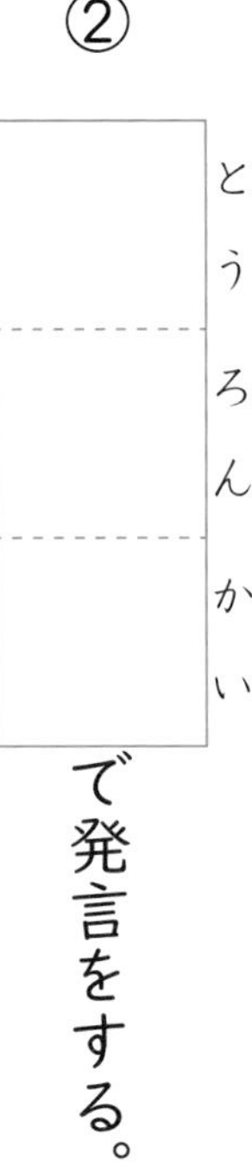
② ［とうろんかい］で発言をする。

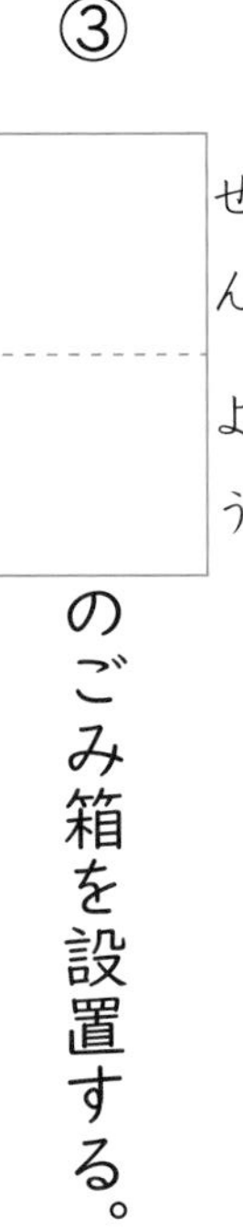
③ ［せんよう］のごみ箱を設置する。

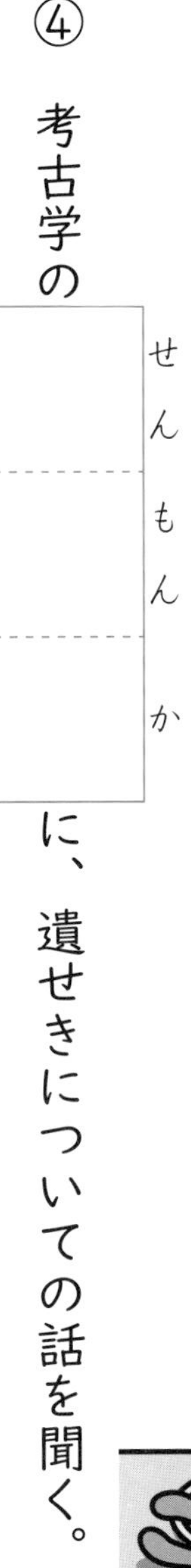
④ 考古学の［せんもんか］に、遺せきについての話を聞く。

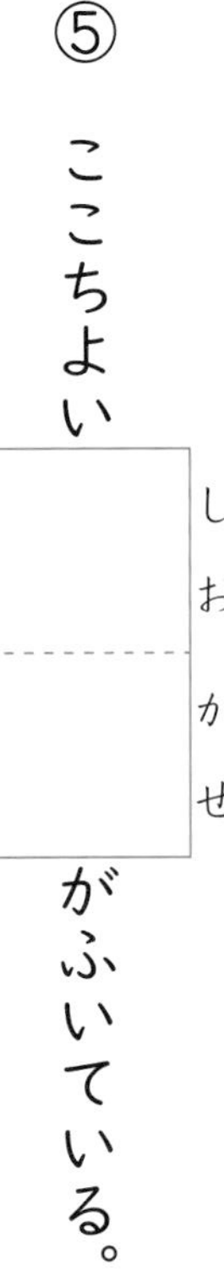
⑤ ここちよい［しおかぜ］がふいている。

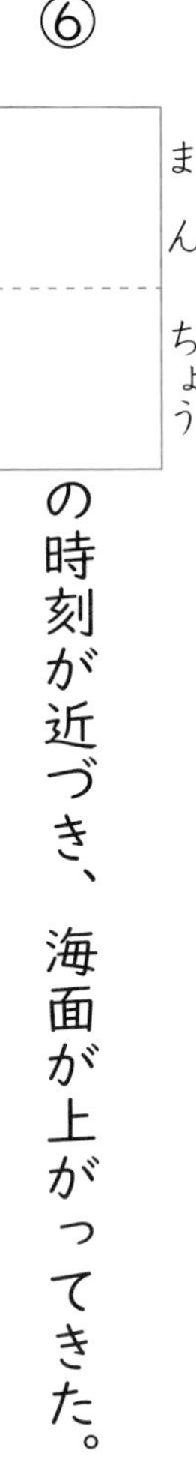
⑥ ［まんちょう］の時刻が近づき、海面が上がってきた。

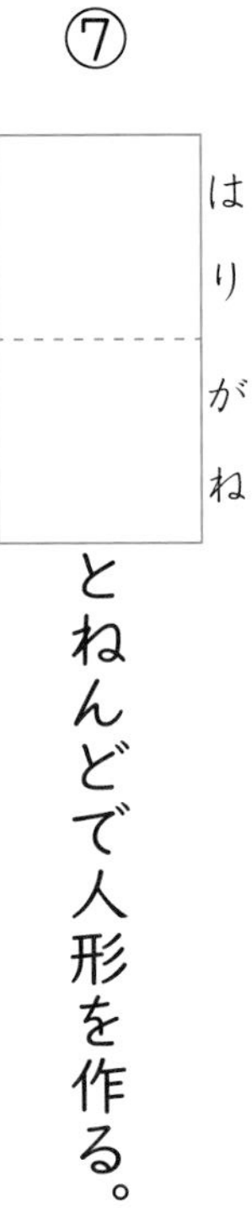
⑦ ［はりがね］とねんどで人形を作る。

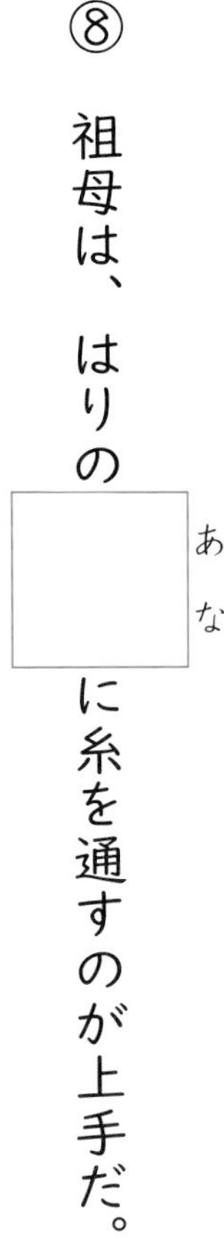
⑧ 祖母は、はりの［あな］に糸を通すのが上手だ。

ヒント 2 ⑤「しお」を、同じ訓読みの「塩」と書かないように注意しましょう。

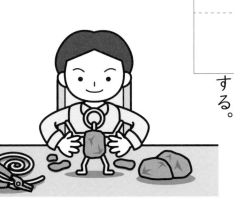

きほんのドリル 48。 海の命 (2)

時間 15分
合格80点
／100
サクッとこたえあわせ
答え104ページ
月 日

書いて覚えよう！

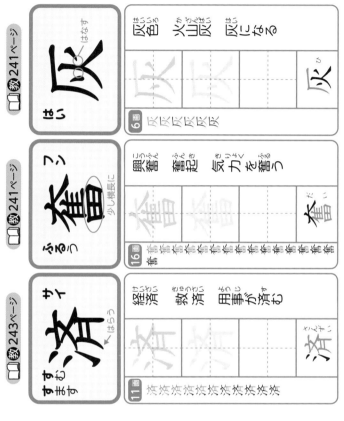

教243ページ

済 サイ／すむ／すます（はらう）

11画 済済済済済済済済済済済

経済（けいざい）　救済（きゅうさい）　用事が済む（ようじがすむ）

済（さんずい）

教241ページ

奮 フン／ふるう（少し横長に）

16画 奮奮奮奮奮奮奮奮奮奮奮奮奮奮奮奮

興奮（こうふん）　奮起（ふんき）　気力を奮う（きりょくをふるう）

奮（だい）

教241ページ

灰 はい（はなす）

6画 灰灰灰灰灰灰

灰色（はいいろ）　火山灰（かざんばい）　灰になる（はい）

灰（ひ）

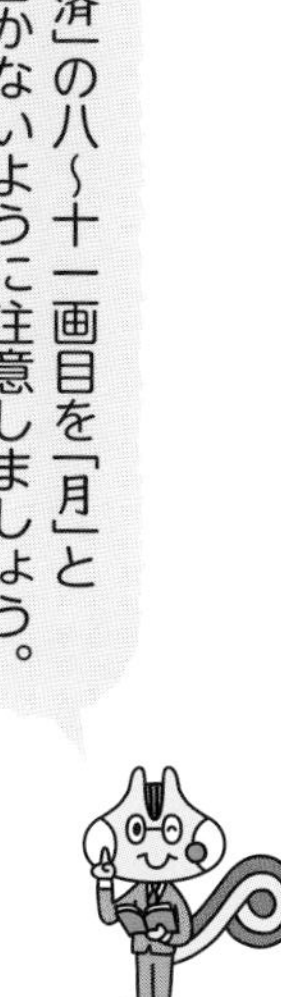

「済」の八〜十一画目を「月」と書かないように注意しましょう。

1 読みがなを書きましょう。

28点（一つ4）

① 灰色（　　）の毛のねこ。

② 興奮（　　）して話す。

③ 奮起（　　）して戦う。

④ 心が 奮（　　）い立つ。

⑤ 用事が 済（　　）む。

⑥ 朝食を 済（　　）ます。

⑦ 日本の 経済（　　）。

教科書 231〜246ページ

裏のページに続くよ！

2 あてはまる漢字を書きましょう。

72点（一つ9）

① （はいいろ）のセーターを着る。

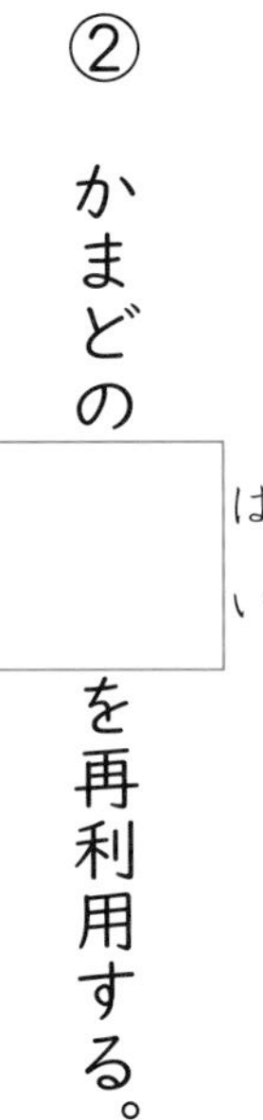

② かまどの（はい）を再利用する。

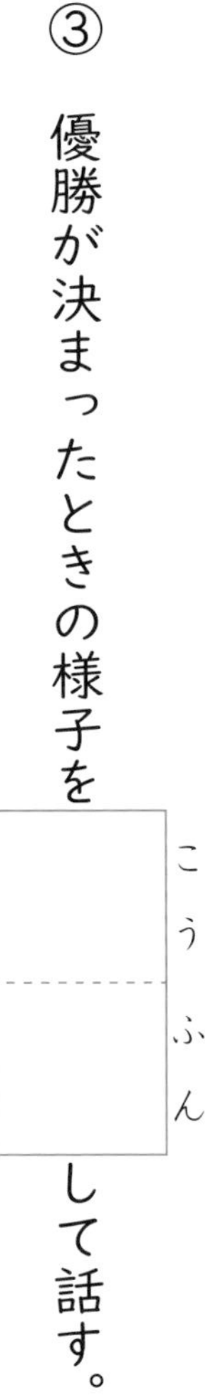

③ 優勝が決まったときの様子を（こうふん）して話す。

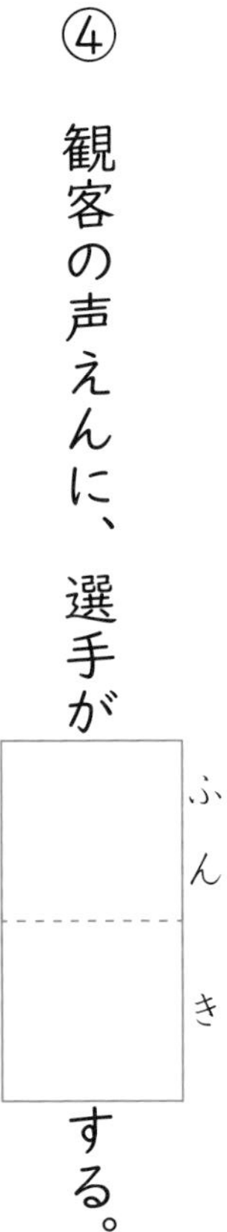

④ 観客の声えんに、選手が（ふんき）する。

⑤ 勇気を（ふる）って、もう一度ちょう戦する。

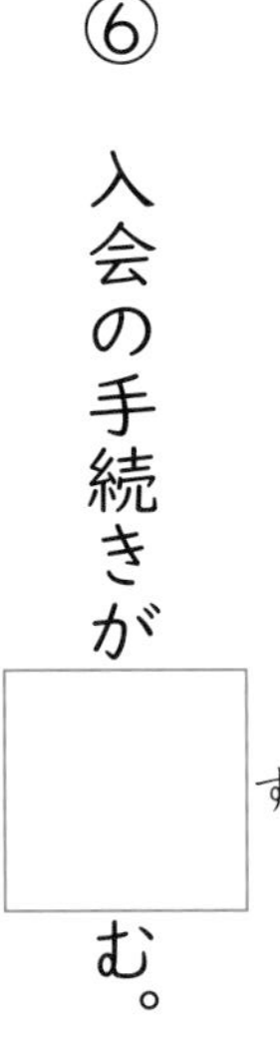

⑥ 入会の手続きが（す）む。

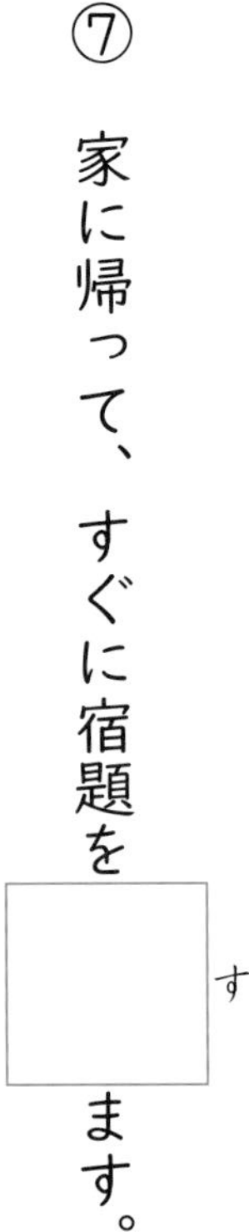

⑦ 家に帰って、すぐに宿題を（す）ます。

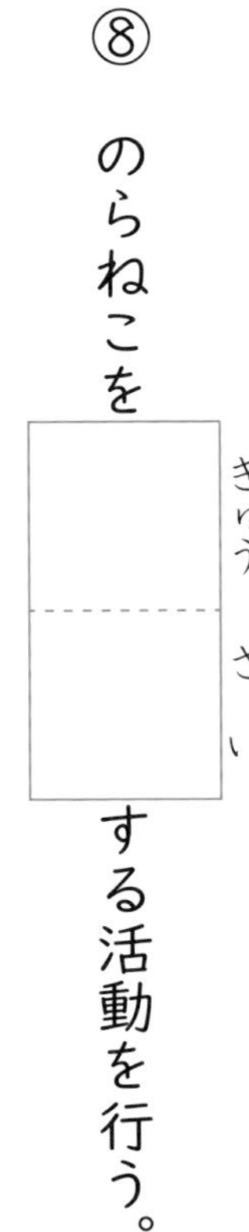

⑧ のらねこを（きゅうさい）する活動を行う。

ヒント 2 ①・②「はい」を、形の似ている「炭」と書かないように注意しましょう。

学年末のホームテスト 49. 一月から三月に習った漢字と言葉

時間 20分
合格80点
/100
サクッとこたえあわせ
答え 104ページ
月　日

1 漢字の読みがなを書きましょう。 16点(一つ2)

① 洗った食器を 片 づける。
② 皇居 の周りを走る。
③ コップから水が 垂 れる。
④ 司会を 担当 する。
⑤ 兄は 姿勢 がよい。
⑥ 大きな 穴 をほる。
⑦ 絵本 専門 の本屋。
⑧ コピー機を 操作 する。

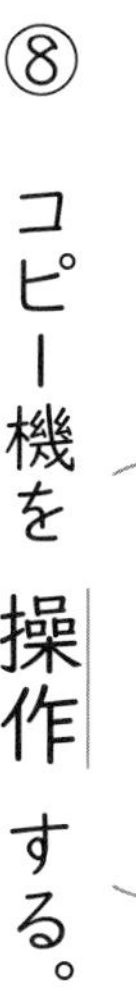

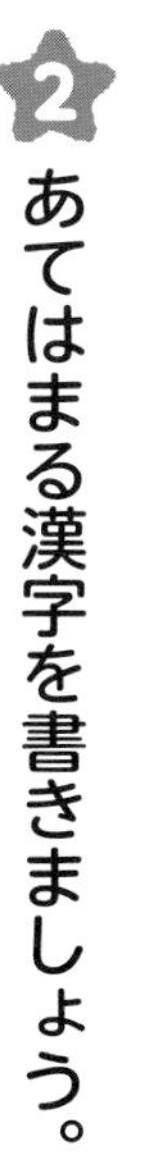

2 あてはまる漢字を書きましょう。 24点(一つ3)

① 海が［かんちょう］になる。
② ［けんぽう］の改正。
③ ［せいとう］の公約を読む。
④ 城の［てんしゅかく］。
⑤ ［はいいろ］の雨雲。
⑥ ［むね］が高鳴る。
⑦ 産業［かくめい］を調べる。
⑧ ［こうそう］ビルが建つ。

裏のページに続くよ！

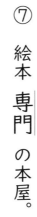

3 次の各文に一つあるまちがった漢字をぬき出し、正しく直した漢字を書きましょう。 30点(完答一つ5)

まちがい→正しい

① 何度(なんど)も練習(れんしゅう)したおかげで、本(ほん)の労読(ろうどく)が上達(じょうたつ)した。　□→□

② 新(あたら)しくできた激場(げきじょう)で上演(じょうえん)がある。　□→□

③ 通学路(つうがくろ)の安全(あんぜん)についてクラスで読論(とうろん)する。　□→□

④ 朝流(ちょうりゅう)が速(はや)い海域(かいいき)を泳(およ)ぐ魚(さかな)。　□→□

⑤ 先生(せんせい)にたのまれた仕事(しごと)を分短(ぶんたん)して進(すす)める。　□→□

⑥ 国語(こくご)の時間(じかん)に、少来(しょうらい)の夢(ゆめ)について作文(さくぶん)を書(か)いた。　□→□

4 次の読みをする漢字の、▮に入る部首を書きましょう。 30点(一つ5)

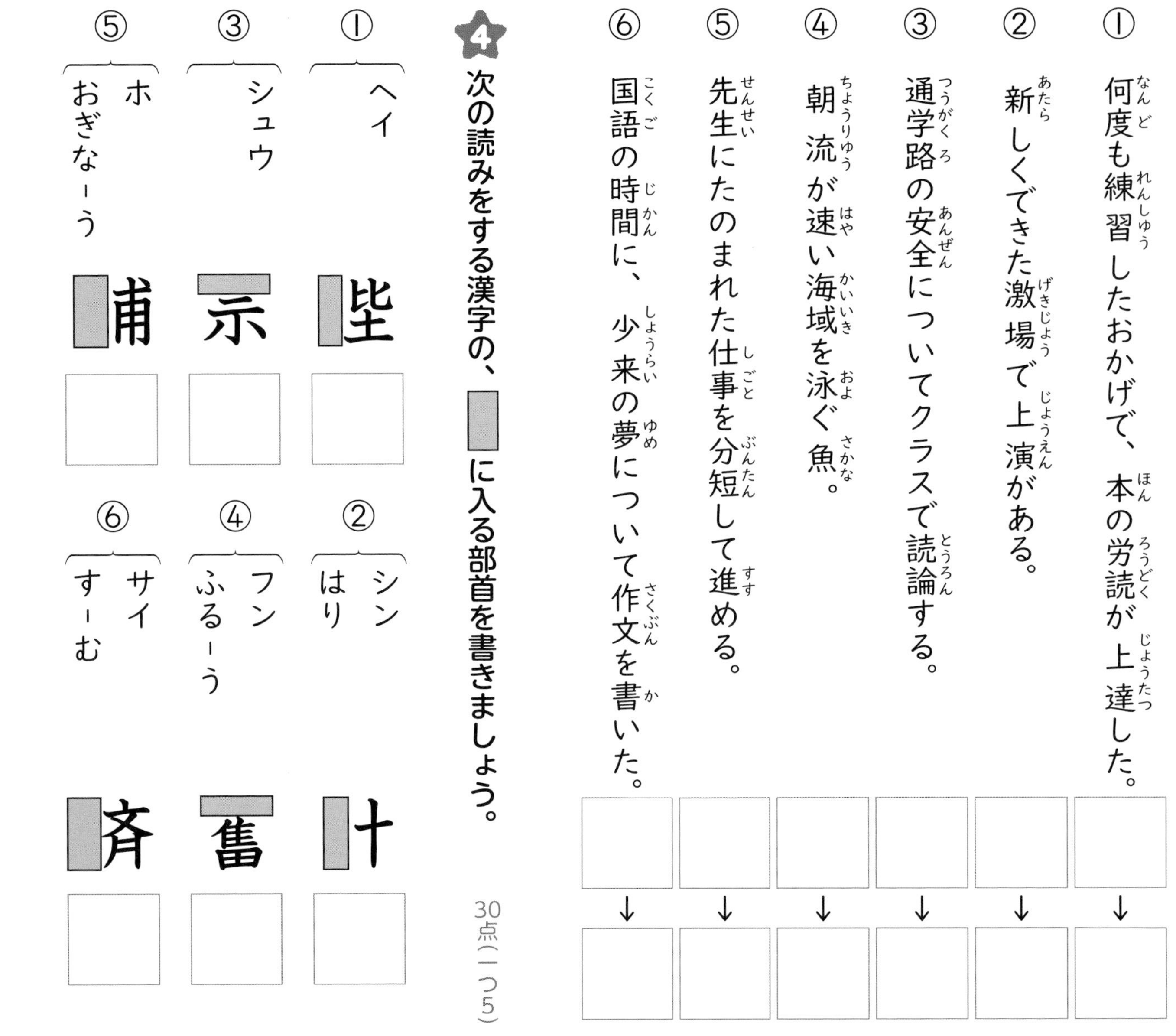

① ヘイ　▮坒　□

② シン はり　▮十　□

③ シュウ　▮示　□

④ フン ふる-う　▮奮　□

⑤ ホ おぎな-う　▮甫　□

⑥ サイ す-む　▮斉　□

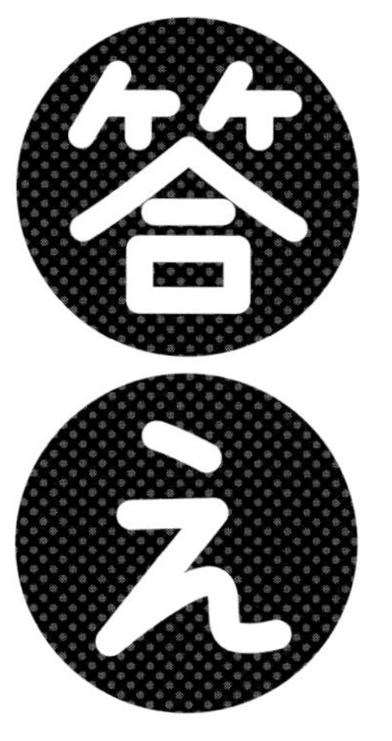

答え

●ドリルやホームテストが終わったら、答え合わせをしましょう。
●まちがっていたら、必ずもう一度やり直しましょう。

1. 漢字の復習　1～2ページ

❶ ①ぼうさい　②しんぷ　③きこう　④きょか　⑤ことわ　⑥けわ　⑦せいぎ　⑧さいかい
❷ ①保護　②調査　③条件　④混雑　⑤減　⑥快適　⑦迷　⑧感謝
❸ ①しりょう　②ぼうえき　③ぎゃくてん　④と　⑤はんざい　⑥えいせい　⑦しゅうかん　⑧しょぞく　⑨とう　⑩たいし
❹ ①利益　②測　③準備　④効　⑤価格　⑥綿織物　⑦師　⑧経験

考え方
❷ ⑤「減らす」の対義語は「増やす・増す」です。
❸ ②「易」には「イ」「やさ（しい）」の読み方もあります。
⑩「志」の訓読みには「こころざ（す）」「こころざし」があります。
❹ ②は「量る」「計る」との使い分けに注意しましょう。

2. きほんのドリル　3～4ページ

❶ ①してん　②すな　③さきん　④はら　⑤くうふく　⑥かいだん　⑦なら
❷ ①視野　②砂場　③砂鉄　④腹　⑤中腹　⑥階段　⑦並　⑧並木道

3. きほんのドリル　5～6ページ

❶ ①ふ　②こうすいりょう　③みと　④あら　⑤せんめんじょ　⑥いぶつ　⑦たんじゅん
❷ ①以降　②降　③認　④手洗　⑤洗　⑥異国　⑦異　⑧純白

4. きほんのドリル　7～8ページ

❶ ①はんしゃ　②せなか　③はいけい　④す　⑤した　⑥らんだ　⑦みだ
❷ ①発射　②射　③背　④背比　⑤捨　⑥四捨五入　⑦舌　⑧混乱

5. きほんのドリル　9～10ページ

❶ ①ちいき　②ざっし　③しめん　④えいぞう　⑤えいが　⑥うつ　⑦かくだい
❷ ①流域　②区域　③週刊誌　④日誌　⑤映画　⑥映　⑦拡散　⑧拡張

6. きほんのドリル　11～12ページ

❶ ①てんじ　②はってん　③しょぞう　④ぞうしょ　⑤ほうもん　⑥らいほうしゃ　⑦たず
❷ ①発展　②展望台　③展開図　④冷蔵庫　⑤貯蔵　⑥来訪　⑦訪日　⑧訪

7. きほんのドリル　13～14ページ

❶ ①われわれ　②でんしょう　③じょうき　④たいしょ　⑤しゅうしょく
❷ ①我　②承知　③蒸発　④蒸気　⑤細心　⑥処分　⑦就任　⑧就航

8. きほんのドリル　15～16ページ

❶ ①りんかい　②したが　③じゅうぎょういん　④おんじん　⑤さいばんかん　⑥さば　⑦ほうりつ
❷ ①臨機応変　②臨時　③従　④従順　⑤恩師　⑥洋裁　⑦裁　⑧規律

9. きほんのドリル　17～18ページ

❶ ①のう　②しゅのう　③しんぞう

④ぞうき　⑤ちょう　⑥はい　⑦い

2 ①脳　②頭脳　③内臓　④心臓　⑤腸
⑥肺　⑦肺活量　⑧胃

10. きほんのドリル　19～20ページ

1 ①わたし（わたくし）　②みっせつ
③みつど　④よ　⑤よ　⑥こきゅう　⑦す

2 ①私　②私服　③私　④密度
⑤呼　⑥点呼　⑦吸引　⑧吸

11. まとめのドリル　21～22ページ

1 ①だんかい　②なみきみち　③じゅんしん
④あら　⑤お　⑥すな・しかい
⑦せ・はら　⑧われわれ・い
⑨えいが・ざっし

2 ①臨時　②就職　③胃腸薬　④蒸気
⑤呼ぶ　⑥捨てる　⑦恩師・訪ねる
⑧地域・展示　⑨裁判・認める

考え方

1 ⑤「降」には「コウ」「お(ろす)」「ふ(る)」の読み方もあります。
⑧「的を射る」は「要点をおさえる」という意味です。

2 ①「臨」の「臣」を「巨」と書かないように注意しましょう。
②「就」の十二画目の「丶」を忘（わす）れないように注意しましょう。
③「腸」は、形が似た「場」「陽」などと書かないように注意しましょう。
⑥「捨てる」の対義語は「拾う」です。
⑨「裁」には「さばく」などの訓読みがあります。

12. きほんのドリル　23～24ページ

1 ①そんざい　②せいぞん　③じこく
④きざ　⑤げき　⑥かんたん　⑦つくえ

2 ①存続　②保存　③深刻　④刻　⑤感激
⑥激　⑦簡潔　⑧机

13. きほんのドリル　25～26ページ

1 ①むずか　②さいなん　③ぎもん
④うたが　⑤けんばいき　⑥こしょう
⑦りっぱ

2 ①難問　②難　③疑問　④疑　⑤定期券
⑥障子　⑦故障　⑧流派

14. きほんのドリル　27～28ページ

1 ①けいかん　②ぜいむしょ
③けいさつしょ　④せんとう　⑤つと
⑥ざいきん　⑦しょこく

2 ①警報　②警笛　③消防署　④署名　⑤銭
⑥勤務　⑦勤　⑧諸島

15. きほんのドリル　29～30ページ

1 ①ていきょう　②そな　③こども
④しゅうのう　⑤おさ　⑥にまい　⑦そ

2 ①供給　②供　③吸収　④収　⑤納税
⑥納　⑦枚数　⑧染

16. きほんのドリル　31～32ページ

1 ①せんでん　②く　③く　④さが
⑤たんけん　⑥せいざ　⑦ざせき

2 ①宣言　②宣伝　③日暮　④暮　⑤探知
⑥探　⑦座席　⑧座談会

17. きほんのドリル　33～34ページ

1 ①おさな　②ようちゅう　③ちょさくけん
④じんけん　⑤そんちょう
⑥とうと(たっと)　⑦けんちょう

2 ①幼　②幼児　③著者　④著名　⑤権利
⑥尊　⑦尊　⑧気象庁

18. きほんのドリル　35～36ページ

1 ①そうち　②とど　③とど　④そ
⑤そ　⑥えんがん　⑦さんさつ

2 ①服装　②装備　③届　④届　⑤沿
⑥沿線　⑦冊数　⑧別冊

19. きほんのドリル　37～38ページ

1 ①うちゅう　②ちゅうがえ　③はいく
④ごかい　⑤じまく

2 ①宇宙　②宙　③俳　④長男　⑤誤解
⑥誤　⑦開幕　⑧幕府

20. きほんのドリル 39～40ページ

1 ①ばん ②もけい ③きぼ ④まど ⑤どうそうかい ⑥の ⑦けつろん

2 ①毎晩 ②模様 ③規模 ④窓口 ⑤車窓 ⑥延 ⑦延期 ⑧議論

21. ホームテスト 41～42ページ

1 ①はんしゃ ②いぎ ③かくだい ④した ⑤しめん ⑥こんばん ⑦く ⑧ちょうりつ

2 ①難解 ②単純 ③内臓 ④座席 ⑤混乱 ⑥従 ⑦同窓会 ⑧机

3 ①氵・ウ ②言・エ ③宀・ア ④月・イ

4 ①映 ②蒸 ③就 ④供 ⑤存 ⑥装 ⑦域 ⑧段

5 ①簡 ②視 ③展 ④尊

考え方

1 ②「異議」は「反対の意見」という意味です。同音異義語に「ちがう意味」を表す「異義」などがあります。

③「拡大」の類義語に「拡張」があります。

2 ①「難解」は「難しくて、分かりにくいこと」という意味です。

⑦「窓」の部首は「あなかんむり」です。

3 出題されている部首名の部首を、それぞれあてはめてみて、漢字ができるものを見つけましょう。

4 口の前後の漢字をヒントに、共通してあてはまる漢字を考えましょう。

5 同音異義語の問題です。意味を考えて、あてはまる漢字を書きましょう。

22. きほんのドリル 43～44ページ

1 ①じゅりん ②いちらんひょう ③ねふだ ④きげん ⑤みなもと ⑥はいたい ⑦しりぞ

2 ①樹液 ②展覧会 ③値段 ④価値 ⑤資源 ⑥源 ⑦退場 ⑧退

23. きほんのドリル 45～46ページ

1 ①きび ②きび ③げんしゅ ④はいゆう ⑤ゆうしょう ⑥すいてい ⑦きちょう

2 ①厳 ②厳重 ③優勝 ④優先 ⑤推理 ⑥推移 ⑦貴重品 ⑧貴金属

24. きほんのドリル 47～48ページ

1 ①かいけつさく ②たいさく ③ちぢ ④ちぢ ⑤しゅくしょう ⑥ぼう ⑦じゅくご

2 ①対策 ②散策 ③縮 ④縮 ⑤短縮 ⑥鉄棒 ⑦熟 ⑧未熟

25. きほんのドリル 49～50ページ

1 ①いっしゃく ②すんぽう ③しきしゃ ④はっき ⑤つうせつ ⑥いた ⑦ひひょう

2 ①縮尺 ②尺八 ③寸前 ④発揮 ⑤指揮 ⑥痛 ⑦頭痛 ⑧批判

26. きほんのドリル 51～52ページ

1 ①きず ②ふしょう ③わかもの ④と ⑤へいかい ⑥いしょ ⑦よくじつ

2 ①傷口 ②軽傷 ③若葉 ④閉 ⑤閉店 ⑥閉 ⑦遺産 ⑧翌日

27. きほんのドリル 53～54ページ

1 ①じゅうおう(たてよこ) ②さんちょう ③ちゅうじつ ④ちゅうせい ⑤きょうてき

2 ①縦断 ②縦笛 ③頂点 ④頂 ⑤洗顔 ⑥忠告 ⑦誠実 ⑧強敵

28. きほんのドリル 55～56ページ

1 ①ようさん ②じこ ③じょせつ ④じんあい ⑤おんせん

2 ①蚕 ②玉石 ③利己的 ④除外 ⑤除 ⑥楽園 ⑦仁愛 ⑧泉

29. きほんのドリル 57～58ページ

1 ①うらにわ ②ぎんがけい ③かめいこく

④いよくてき　⑤かぶしき

2 ①裏返　②太陽系　③系統　④同盟　⑤食欲　⑥欲望　⑦均一　⑧株

30 まとめのドリル　59～60ページ

1 ①きざ　②しょこく　③はいゆう　④もけい　⑤みなもと　⑥かめい・きょうてき　⑦しょうぼうしょ・きんむ　⑧きず・いた　⑨ちゅうじつ・ようさん

2 ①難しい　②宇宙　③幼虫　④仁術　⑤収納　⑥誠実　⑦系列・延長　⑧縦笛・未熟　⑨山頂・温泉

考え方

1 ④「模」には「ボ」の音読みもあります。⑨「蚕」には「かいこ」の訓読みもあります。

2 ⑦「系」は、形が似ている「糸」「係」と書かないように注意しましょう。⑧「縦」は、形が似ている「従」と書かないように注意しましょう。「未熟」は「まだ熟していないこと、十分でないこと」という意味です。

31 きほんのドリル　61～62ページ

1 ①かいぜんてん　②よ　③はん　④きけん　⑤あぶ　⑥やくわり　⑦ひていてき

2 ①善悪　②善　③班長　④危機　⑤危　⑥割引　⑦割　⑧否決

32 きほんのドリル　63～64ページ

1 ①しきゅう　②いた　③きたく　④さとう　⑤とうぶん　⑥こうちゃ　⑦くちべに

2 ①口調　②至難　③至　④住宅地　⑤宅配便　⑥砂糖　⑦紅白　⑧紅

33 きほんのドリル　65～66ページ

1 ①たまご　②ぎゅうにゅう　③ちち　④そうぎょう　⑤つく　⑥えんそう　⑦たんじょう

2 ①卵　②卵　③牛乳　④乳　⑤創作　⑥創

⑦合奏　⑧誕生日

34 きほんのドリル　67～68ページ

1 ①こま　②こんなん　③かんびょう　④すじ　⑤てっきん　⑥も　⑦こっかく

2 ①困　②困難　③看板　④筋道　⑤筋肉　⑥盛　⑦骨折　⑧骨組

35 きほんのドリル　69～70ページ

1 ①かん　②ま　③こくほう　④たからもの　⑤ききょう　⑥うやま　⑦そんけい

2 ①全巻　②巻物　③宝石　④宝　⑤故郷　⑥郷土　⑦敬　⑧敬意

36 きほんのドリル　71～72ページ

1 ①ひでん　②ひみつ　③せいか　④きぬ　⑤はいけん　⑥おが　⑦てっこう

2 ①秘密　②秘書　③神聖　④聖人　⑤絹　⑥拝　⑦参拝　⑧鉄鋼

37 きほんのドリル　73～74ページ

1 ①しぼう　②ぼうめい　③うめぼ　④ほ　⑤かんがい　⑥かんしゅう　⑦ゆうびんきょく

2 ①十人十色　②亡命　③干　④千満　⑤郷里　⑥公衆　⑦郵便　⑧郵送

38 きほんのドリル　75～76ページ

1 ①やちん　②こうこう　③よきん　④あず　⑤こくもつ　⑥こめだわら　⑦ごひょう

2 ①運賃　②親孝行　③預金　④預　⑤穀倉　⑥雑穀　⑦米俵　⑧土俵

39 きほんのドリル　77～78ページ

1 ①つうやく　②わけ　③うちわけ　④わす　⑤だんとう　⑥あたた　⑦さくしか

2 ①訳　②訳　③忘　④寒暖　⑤温暖化　⑥暖　⑦作詞　⑧歌詞

40 まとめのドリル　79～80ページ

1 ①せいか　②ま　③しきゅう　④きぬ　⑤てっこう　⑥きんにく・も

⑦たまご・さとう　⑧ざっこく・たわら
⑨はん・がっそう

2
①危険　②暖かい　③郵便　④忘れる
⑤最善　⑥国宝　⑦紅茶・牛乳
⑧賃金・預ける　⑨親孝行・尊敬

考え方

1 ③「至急」は「大急ぎですること」という意味です。

⑧「雑穀」は「米や麦以外の穀類」のことです。

2 ⑧「預」は形が似ている「頂」と書かないように注意しましょう。

⑨「孝」は形が似ている「考」と書かないように注意しましょう。

41 ホームテスト　81～82ページ

☆1
①じゅもく　②こくとう　③しんせい
④きちょう　⑤ぼうめい　⑥かんしゅう
⑦ほ　⑧こま

☆2
①一覧表　②価値　③推理　④寸法
⑤若者　⑥裏　⑦秘密　⑧誕生

☆3 ①エ　②ア　③ウ　④イ

☆4 ①系　②策　③敵　④暖　⑤看

☆5
①十七・エ　②十・ウ　③十二・オ
④十二・イ　⑤十一・カ　⑥十六・ア

考え方

☆1 ③「神聖」は「清らかで、けがれがない様子」という意味です。

☆2 ①「覧」の「臣」を「巨」と書かないように注意しましょう。

②「値」には「ね」などの訓読みもあります。

☆3 ①「創造」と「忠誠」は、似た意味の漢字の組み合わせです。

②「縦横」と「賛否」は、意味が対(つい)になる漢字の組み合わせです。

③「山頂」と「温泉」は、上の漢字が下の漢字を修飾(しゅうしょく)する関係にある組み合わせです。

④「洗顔」と「養蚕」は、「——を」「——に」に当たる意味の漢字が下に来る組み合わせです。

☆4 意味を考えて、同じ読み方をする正しい漢字に直しましょう。

☆5 ②「除」の部首は「こざとへん」です。「おおざと」とまちがえないようにしましょう。

42 きほんのドリル　83～84ページ

1
①ろうどく　②ろうほう　③むね
④どきょう　⑤きょうい　⑥かた　⑦かた

2
①朗読　②朗報　③明朗　④胸　⑤胸中
⑥片方　⑦片側　⑧片一方

43 きほんのドリル　85～86ページ

1
①げきだん　②にんぎょうげき
③しょうらい　④てんのう　⑤おうじ
⑥こうごう　⑦へいか

2
①演劇　②劇場　③将軍　④将
⑤天皇　⑥皇居　⑦皇后陛下　⑧陛下

44 きほんのドリル　87～88ページ

1
①けんぽう　②せいとう　③とうしゅ
④ないかく　⑤かくぎ　⑥かいかく
⑦しゅうきょう

2
①憲法　②憲章　③政党　④野党　⑤内閣
⑥天守閣　⑦革命　⑧宗派

45 きほんのドリル　89～90ページ

1
①すいちょく　②た　③た　④ちそう
⑤こうそう　⑥でんじしゃく　⑦じき

2
①垂直　②垂　③垂　④地層　⑤高層
⑥断層　⑦磁石　⑧磁器

46 きほんのドリル　91～92ページ

1
①たいそう　②そうさ　③ほきょう
④おぎな　⑤たんとう　⑥すがた
⑦しせい

2
①操作　②操縦　③立候補　④補
⑤担任　⑥負担　⑦姿　⑧容姿

47 きほんのドリル 93～94ページ

❶ ①けんとう　②せんぞく　③しお
④ふうちょう　⑤ばり　⑥びょうしん
⑦あな

❷ ①検討　②討論会　③専用　④専門家
⑤潮風　⑥満潮　⑦針金　⑧穴

48 きほんのドリル 95～96ページ

❶ ①はいいろ　②こうふん　③ふんき
④ふる　⑤す　⑥す　⑦けいざい

❷ ①灰色　②灰　③興奮　④奮起　⑤奮
⑥済　⑦済　⑧救済

49 ホームテスト 97～98ページ

☆1 ①かた　②こうきょ　③た　④たんとう
⑤しせい　⑥あな　⑦せんもん　⑧そうさ

☆2 ①干潮　②憲法　③政党　④天守閣
⑤灰色　⑥胸　⑦革命　⑧高層

☆3 ①労→朗　②激→劇　③読→討
④朝→潮　⑤短→担　⑥少→将

☆4 ①阝　②釒　③宀　④大　⑤ネ　⑥氵

考え方

☆2 ①「干潮」の対義語は「満潮」です。
②「憲」の四～七画の「丰」を、「王」と書かないように注意しましょう。
⑦「革」の上の部分は「廿」ではなく「廿」です。

☆3 文脈に合った言葉を考え、適切な熟語になるように、正しい漢字に直しましょう。

☆4 ⑤「補」の部首は「ネ（しめすへん）」ではなく「ネ（ころもへん）」です。書きまちがえないようにしましょう。